一句话点醒

孩子·学习

点醒卷

U0726371

伍晓峰 编

读者出版社

图书在版编目（CIP）数据

一句话点醒孩子. 学习 / 伍晓峰编. -- 兰州 ：
读者出版社， 2024. 11. -- ISBN 978-7-5527-0842-4

Ⅰ. H033

中国国家版本馆CIP数据核字第20249LH532号

一句话点醒孩子·学习

伍晓峰　编

总 策 划　宁　恢

策划编辑　赵元元

责任编辑　王书哲

助理编辑　李鹏蓉

封面设计　江蕴屿

版式设计　甘肃·印迹

出版发行　读者出版社

地　　址　兰州市城关区读者大道568号（730030）

邮　　箱　readerpress@163.com

电　　话　0931-2131529（编辑部）　0931-2131507（发行部）

印　　刷　天津鸿彬印刷有限公司

规　　格　开本 880 毫米×1230 毫米　1/32
　　　　　　印张 7.5　字数 188 千

版　　次　2024 年 11 月第 1 版
　　　　　　2024 年 11 月第 1 次印刷

书　　号　ISBN 978-7-5527-0842-4

定　　价　59.80元

目录　CONTENTS

第一章

拉开学习差距的是习惯

学习需要养成哪些习惯

1. 持续性的、长时间的努力

间歇性的努力没有多大意义，

如果你不是特别有天赋，

拼命学习一天是看不见成效的，

但把这个期限拉长到一个月、一学期，

甚至是一年，你就能尝到甜头。

2. 保持全神贯注

课堂上的 40 分钟你就跟着老师走，

老师的思路到哪，你就到哪，

不要在讲解思路的时候埋头做笔记，要认真听讲。

3. 学会整理错题本

好的错题本将是你的财富，

到了考前冲刺的时候，

你会发现用错题本复习的效率会很高。

学习感到迷茫该怎么办

1. 找行动目标

人们都是依赖希望生活的，

所以无论是短期、中期还是长期目标，

给自己一个行动的方向，好过漫无目的地前进。

2. 阅读人物传记

了解成功人士是如何应对迷茫的，

你存在的问题，别人也经历过，

不妨去看看他们的答案。

3. 独处

当你迷茫时，不要与朋友聊天，

这可能会让你更加迷茫。

相反，独处思考才能让你真正地沉淀下来。

如何告别假努力

1. 去掉"假"

现在不想看书，就不要假装阅读。

先去做那些让你感到快乐的事，

等做完后，再以饱满的状态进行学习。

2. 走出焦虑

人人都和你说要逆袭，

但只有根据自己的实际情况，设定合适的目标，

这样的努力才能行之有效。

3. 列每日计划

真正能执行的计划是要求自己在某个时段完成某件事，

而不需要精确到每分每秒，

所以只需要列出当天的计划。

4. 专注做手头的事

一旦开始做某件事，就把所有注意力都集中在这件事上，

远离外界干扰，关掉电子产品。

进入"心流"状态，才能提高你的专注力。

如何彻底戒掉粗心马虎的毛病

1. 刻意训练

粗心是可以改变的，第一个解决办法就是审题，

一定要避免"飞"着读、"跳"着读，囫囵吞枣一般，

不妨让速度慢下来，用指尖或者笔尖指着题目，逐字读清楚。

2. 圈关键词

用笔圈出题目当中关键的数据，再动笔写题。

字眼不同，一字差千里。

3. 试着归纳题意

如果一开始读不懂题意，记得再多读一遍。

试着用自己的话来复述题意，

思考和自己之前见过的哪些题目有类似的思路。

4. 避免想当然

一定要让自己养成慢读题、快答题的习惯，

题目至少读两遍，才可以下笔写过程。

如何提升学习自驱力

1. 用习惯去驱动行为

不要因为害怕落后而去努力，

而是把努力变成自己的习惯。

2. 找到目标

问问自己究竟想要的是什么，

比如十年之后，我向往的生活是什么样的？

3. 时间计划

有了目标之后，必须要安排时间去行动。

4. 注意力

把注意力放在你要做的事情上去，并认真地对待它。

5. 行动

你要想尽办法让自己动起来，

行动会带来更多的行动。

6. 把想做的事情变成一种习惯

习惯能无视你的情绪，

可以让你更轻松地完成需要做的事情。

学习总是三分钟热度怎么办

1. 从小做起

一开始制定的目标不要太大，形成节奏感之后再逐渐增加。

小任务完成后获得奖赏才有动力持续执行，

习惯回路才会不断重复。

2. 学会延迟满足

越能延迟满足，取得的成就就越大。

因为任务越艰巨，困难越大，短期内越看不到结果。

3. 不要在中途放弃

习惯形成的关键是重复，人都是喜欢安逸的，

越歇越懒，一旦中断后再重新开始会很难。

4. 固定时间、固定地点

选择固定时间、固定地点对养成学习习惯也很重要。

固定时间就是闹钟到点自动提醒你"主人该看书了"。

让这成为习惯。习惯就是"自动化"。

成绩不稳定怎么办

1. 排查知识漏洞

每科找出时间最近的 5 张试卷，

记录不同题型的扣分情况，

并在错题旁边写上对应的知识点，

这样就能直观地看出哪个题型和知识点扣分最严重。

2. 疯狂补漏

根据常错的知识点判断哪些地方自己掌握得不牢，

再结合专项练习册对薄弱部分做特训。

3. 掐表练易错题型

很多错误不是因为你不会，

而是在考试时没有充足的时间去思考。

所以在平常刷题时就要给自己限定时间，

提前让自己适应考试时的紧迫感。

作业太多，总是写不完怎么办

1. 做好分类，思考写作业的目的

抄写类的作业就排在最后写，

先完成对学习真正有帮助的作业。

2. 利用好可自由支配的时间

白天尽可能多利用碎片时间写作业，

比较困难的题目尽量在学校完成，

不会的可以直接请教老师、同学。

如果吃完午饭不想马上睡觉，可以写会作业再休息。

3. 有侧重地写作业

针对性地去看哪一部分作业对你有用，

不要一碗水端平，

花更多的时间在较弱科目的作业上。

上课都能听懂，一做题就废怎么办

1. 为什么你有"我会了"的错觉

这只是你跟上了老师的解题思路，

只知道这样算下来是对的，

而忽略了这么解的原因。

2. 保持主动地思考

在老师讲题的时候，除了写在黑板上的方法外，

你要下意识地想一想有没有其他的方法。

3. 学会举一反三

复习时先独立思考一遍解题过程，

再自己改变题目中的某一个小条件，

或者找一道类似的题，

尝试着把解题过程简单地写下来。

4. 尝试给其他人讲题

讲题的过程也是整理思路的过程，

但在你给别人讲题之前，

要自己对所学的知识有十足的把握，

否则反而会扰乱自己的思路。

学习时如何提升专注力

1. 允许自己走神，就是专注的开始

不要一走神就开始自我批判，

你能专注多久就专注多久。

2. 给自己设立小挑战

比如你正在阅读，你就可以问问自己，

这段知识可以应用在哪里，

或者书中的某句话让你想到了什么。

3. 每天花点时间做冥想

从最简单的呼吸冥想开始做，

将意识集中在你的每次呼吸上。

4. 利用无聊

刻意拿出 30 分钟去做一件特别无聊、特别低刺激的事情。

比如看产品说明书、站在路边数车流。

5. 写晨间列表

每天早上把今天需要做的事情，用简短的语言列出来，

然后严格按照计划去执行。

如何持续保持高效的学习状态

1. 每个人的学习状态不同

有人早上状态好，有人晚上状态好。

把重要或者困难的事放在状态最好的时间段去做。

2. 保证好状态的质和量

尽量压缩你的碎片时间，

延长学习状态。

在进入学习状态后，

不要被干扰或打断。

3. 保证休息时间

中午吃饭的时间不要过长，保证午休的时间。

4. 调整学习顺序

如果在家自学或者上网课，

睡醒后一睁眼就要坐在书桌旁边，

坐下后先从最擅长的科目开始做。

学习效率太低，时间不够用怎么办

1. 提升做事效率

在日常生活中就要培养自己做事的效率，

戒掉起床、吃饭磨蹭的坏习惯。

在生活里磨蹭的人，学习效率自然也高不到哪里去。

2. 学会检索式学习

重复阅读式学习是非常低效的，

例如一遍遍看书、背单词、背笔记，

所以你需要学会用大脑思考和检索式练习。

①写作业前，先回想一下今天学到了什么知识，

想不起来的部分在草稿纸上做个记录，

再打开课本重点复习。

②把作业当成考试，遇到不会的题千万不要马上看答案，

像考试一样，多想思路和相关知识点。

③学会整理错题，每周把所有错题都拿出来过一遍，

然后隔天、隔周、隔月把错题重新做一遍。

如何让大脑保持清醒，摆脱昏昏沉沉

为什么你会在作息规律、没有过度消耗的情况下，

依然头脑昏昏沉沉、不够清醒？

很有可能是过多的刺激性事物消耗专注力。

刷剧、玩游戏这些让你多巴胺不断分泌的事，

会迫使大脑不再习惯思考，

人就会渐渐变得迟钝和不清醒。

如果之后再做一些刺激度低的事，

比如看书、学习，大脑就会觉得无趣，抑制你的效率。

解决方法：

将生活中的事按刺激程度分级，

把强刺激的事情排在最后，

比如不要在午休奖励自己打游戏等。

坚持一段时间，你就掌握了延迟满足，

大脑为了弥补你会产生内啡肽，

这也是人自信和自律的原动力。

上课经常走神怎么办

1. 老师讲课的时候

思路要跟着老师走，

老师说到哪儿，你就看着对应的知识点。

2. 老师写板书的时候

当老师在黑板上写字时，

眼睛跟着粉笔走，因为这个时候最容易走神。

3. 老师强调的时候

老师声音放大或说两遍以上的内容，

一定是这节课的重点！可以快速地记录或圈画。

4. 老师提问的时候

只要会就举手，无论老师有没有点名。

举手代表你对老师的回应，

老师也能及时了解你对知识的理解情况。

5. 同学发言的时候

别人的回答要仔细听！看看别人的见解，

是否和自己的想法一样，这也是一种学习。

6. 上课有疑问的时候

上课有疑问时，你可以当场提出来，

或者用红笔作个标记，下课后及时问老师。

如何提升上课效率

1. 课前预习，预习是对课堂内容的整体把握

预习时你可以做一些基础的练习题，

这样更能够感受到所学知识的重点是什么。

2. 带着问题上课

上课时把你的注意力放在预习时归纳的重点难点上，

多关注你在预习时遇到的比较有阻碍、没有弄懂的问题。

3. 课后及时复习，多刷题

多向老师询问没有掌握的知识点，

甚至你可以自己主动追求一些考点。

比如说这个知识点在题里怎么运用，

这个知识点会出哪种类型的考题。

停止拖延，是一个人最顶级的自律

1. 三秒启动法

专治起床困难症，闹钟一响，数到三就坐起来。

不要给大脑缓冲的时间，不要给自己赖床的机会。

2. 由难入易法

最适合工作的时间是上午，把复杂的事情放在早上做。

越早开始，焦虑感越低，就越不会拖延。

3. 切割计划法

把早上的时间切割成两段，两个小时为一段。

然后每两个小时设一次倒计时。

一个明确可执行的时段计划，

比一份满满的任务清单更有效。

4. 状态延续法

有拖延症的人往往很难专注，

所以一旦进入状态就不要轻易打断它，

学习的间隙不要打游戏、刷视频，

一旦状态收不回来，就会变成拖延。

5. 完成比完美更重要

不要拖到一切都准备好再开始，

别定太高的标准，一旦决定去做就要开始行动。

如何保持积极的学习心态

1. 不评价、不批判

遇到问题了，就解决问题。

不要给自己贴负面标签。

题没做出来不等于我很笨，

不要给自己任何的评价和批评。

2. 分清边界

不要和别人比较，每天有在学习，

有在一点点进步就可以了。

3. 避免畏难情绪

我们碰到不会的知识点时，

有时候会因为挫败感而丧失学习动力。

这是一种畏难情绪。

可畏难、逃避，并不能解决问题，

相反，只有用各种方式，把这个知识点攻克了，

才能真正解决问题。

自控力差的人该如何改变自己

1. 远离诱惑因素

不要期望你能抵抗诱惑，要为自己创造远离诱惑的环境。

2. 降低期待值

期待越大，失望越大，挫败感也越强。

逐步自律，才能让自己强大起来。

3. 学习目标要明确

制定目标专注于某一点，人脑天生不擅长多线程运作。

4. 积极的心理暗示

看到自己的不足时，

偶尔给自己一点奖励，给自己一些正反馈。

5. 学会延迟满足

学习是长线投资，有可能几个月都看不到回报，

但只要你坚持下去，就一定会给你惊喜。

6. 立即执行

做任何事情默数 3、2、1 后立刻去做，改变拖延。

7. 寻求他人帮助

一个人的力量是有限的，适当寻求别人帮助，

比如加入一些学习团体，融入共同进步的氛围中去。

真正努力的人，是什么样的

1. 放低姿态学习

只在乎自己身上有什么短板，不耻下问。

2. 拒绝假努力

舍得折腾自己，舍得让自己竭尽全力。

真正努力的人从不空想，而是认认真真地把事情做好。

3. 经常思考

一分钟的思考抵得上一小时的交谈，

很多人在海量信息中失去了思考的能力。

要常做常思，在常思中谋求进步。

4. 关闭手机，做时间规划

游戏、综艺、电视剧及各式娱乐软件，

一打开就停不下来。

解决这种情况最好的方式就是自律，合理安排好时间。

5. 严格自律，劳逸结合

高效运用时间，将空出来的时间用于丰富自己的生活：

读书、跑步或者看纪录片等。

在拼命努力之余，也要时常放松下来。

6. 不忘初心

目标坚定，始终保持奋斗的状态，严格做好精力管理，
保持良好习惯，坚守自己的初心。

7. 不自暴自弃

不放弃，才会有无限的可能。

8. 进入"心流"的状态

高度专注于自己要做的事情上，做好计划中的事情，
向着目标前进。

学习总是没有耐心怎么办

如果你觉得自己变得越来越没有耐心，

那是因为我们的大脑在不断地追求着更强烈的刺激，

阈值也随之慢慢地越来越高，

越来越无法忍受有难度的、需要思考的事物，

如看书这种对大脑刺激性很弱的事物，

这对学习成绩的提升会有很大障碍。

针对这样的情况，我们需要让大脑重新变得敏感，

日常需要有意识地去做一些规律性的、弱刺激的，

又需要集中精力的事情，

从而确保在学习的时候，保持更好的状态。

方法非常简单，但需要坚持，

比如说可以对着钟表去数秒针，

或者学习间隙在阳台上去看着楼下来来往往的车流，

每天坚持 10 分钟，真的可以让你重拾耐心。

学习遇到瓶颈时，要有颗粒归仓的态度

如果你在学习上付出了很多的努力，

但成绩并未达到顶尖，也非垫底，处于中等水平，

那么该如何突破瓶颈，再进一步呢?

我们要做的只有一点，那就是调整学习策略。

一个拔尖的成绩并不来源于特别会解难题。

高分一定是每道题一步步积累出来的，

简单的题不出错，复杂的题不放弃，

这才是决定成败的关键所在。

所以我们要平等地对待每一个知识点，

以颗粒归仓的态度去看待。

不要拘泥于某一个"抓手"，

要以更多维度、更精细化的方式学习，

这样你的成绩就会获得整体的提升。

怎样提高阅读效率

1. 初步预览

快速浏览前言、目录以及章节划分，

这样能帮助我们对全书有个大致的认识。

尽量避免逐字逐句地死板阅读，

而是提倡整体感知，通过句子和段落来把握文意。

2. 抓取关键信息

这有助于我们深入理解章节乃至全书的主题。

当你沉浸在书的世界里，

要特别注意那些反复出现的黑体字，

它们往往承载了作者的重点思想。

3. 整理和归纳

尝试画思维导图，你会发现只需半小时到一小时，

就能有效地吸收和理解一本书的核心内容。

这是一种名为"二八法则"的阅读技巧，

即花费 80% 的时间专注于阅读 20% 最重要的部分，

而剩下的 20% 的时间则处理相对次要、

但仍有价值的信息，从而提炼出书籍的核心精髓和要义。

为什么难题能做对，简单题反而错得多

难题能做对，简单的题反而做错，终究是太浮躁。

这种心态导致我们时常栽跟头，

这并非单纯的粗心，而是能力的体现。

考试的成绩并不取决于你能否解答最后那道难题，

而是整体分数的累积。

因此，我们必须审视并改正这一问题。

对待简单题，切勿轻视，而应给予同等的关注。

无论是选择题、填空题还是简答题，

尽可能详尽地展示思考步骤。

并且严格检查演算，这样心中才有把握。

平日里，对简单题同样要认真对待，

避免只关注难题而忽视基本功的锤炼。

可以设立一个记录本，记录这些失误。

总的来说，这种不良习惯源于日常中的疏忽，

但只要有决心和正确的态度，改变并非难事。

错误并非聪明的借口，而是能力有待提升的标志。

别再用看似幽默的理由自欺欺人，

认识到问题的存在并积极改正，才是真正的明智。

如何摆脱间歇性地努力

许多同学也曾尝试过早起读书、熬夜学习，
想要用爆发式的努力来取得阶段性的成果，
结果往往是不到几天就放弃了，
陷入了持续懒惰的颓废境地。
为此，我们要知道的是，
在影响个人成功的诸多因素中，
坚持不懈的意志力是占据首要位置的，
但若不加以妥善使用，
那便是对意志力的极大浪费。
在学习中，我们要提前给自己制定量化的短期目标，
比如这个月要掌握 300 个英语词汇、改正 350 道错题。
将这些目标细化到每周、每日的任务清单。
然而，我们的重点不应仅限于追求短期目标，
而应聚焦于培养稳定良好的学习习惯。
试着将短期目标，转变为长期目标。
这样我们就能在长期目标的指引下，进行系统的学习，
从而实现真正意义上的自我持续驱动，避免间歇性地努力。

第二章

不要质疑现在的努力
它终将把你送往远方

人为什么要读书

在我小的时候，我吃过很多食物，
虽然已经记不起具体吃过什么。
但是可以肯定的是，
它们中的一部分已经长成了我的骨头和血液。

读书对人的改变亦是如此，
你读过的书、经历的事，
随着时间的流逝，那些细枝末节你都忘了，
剩下来的，就成了你的修养。

读过的书，不一定都能记住，但会存在心里，
它能让你说话有道理、做事有余地、
出言有尺度、嬉闹有分寸。
你的言谈举止都是你读书沉淀下来的，
不知不觉就会改变你的整个人生。

"畏难心"是阻碍学习的最大敌人

事未难，心先怯，是阻碍学习的最大敌人。

很多看起来很难的题，

只要你硬着头皮做下来，

就会发现它其实没那么难。

所谓的"难"，难的其实是你的心，

想要在学习的路上不断向前，

你就必须要修炼出一颗坚韧不拔的心。

什么是真正的公平

你越强大，这个世界就越公平，

所有的不公都是"化了妆"的祝福，

它们存在的意义就是为了让你变得更强大。

90分和92分相比，孰强孰弱难说，

但是70分和95分相比，谁上谁下一目了然，

如果你觉得这个世界不公平，

那就请你变得更强大一点。

人为什么要努力

你混一天和努力一天没有明显差别，

混三天看不到变化，

混七天看不到差距。

但是一个月后，

你就会看到自己与他们之间的话题不同，

三个月后会看到谈吐与气场的不同，

半年后会看到格局和高度的不同，

一年后会看到人生道路的不同。

如果不珍惜你的天赋就会被收走，

你身边原本比你差的人，

也会靠努力一个一个超越你。

拉开人生差距的是习惯

1. 勤做家务

做家务能够培养责任心、担当感，

以及在家里的主人翁意识。

2. 懂得整理

建立收拾东西的意识，

限定好收拾和整理的时间，

规划区域分类，分解操作步骤。

3. 遵守时间

懂得尊重别人的时间，

别人才会尊重你的时间。

4. 信守承诺

说出来的事情就得做到，

做不到的事儿千万不要胡说。

5. 喜爱阅读

阅读会不断丰富自己的大脑，

培养独立人格和思考能力。

为什么很多知识用不上却还要学习

学习确实很辛苦，

买菜也用不上勾股定理，

但学习却可以决定你以后的路。

人有两条路要走，

一条是必须走的，一条是想走的，

你要把必须走的路走漂亮，

才可以走你想走的路。

学会自我反省才能真正地成长

任何寻求安慰的行为都不会让你成长。

通宵打游戏、追剧、刷手机，

只能让你获得短暂的自我麻痹，

因为有那么一瞬间，

你确实感受到了来自这些事情的鼓舞。

而成长是具有挑战性的，

你必须不断地自我反省，

打破自己曾经坚信的那些东西，

然后在思想的废墟上一遍遍地重建自己的堡垒。

你必须抛弃掉那些没有营养的话，

也必须正视自己的缺点和还需改进的习惯。

为什么要努力学习

是为了当父母需要你的时候，你不会除了泪水，一无所有；

是为了当孩子需要你的时候，你不会除了惭愧，一无所有；

更是为了当自己需要帮助的时候，你不会除了讨好，一无所有。

努力不会白费，付出终有回报

每一次风雨兼程，未必彩霞满天；

每一次翻山越岭，未必春暖花开。

但历史总以乐观主义的基因宽慰我们，

这一路驰骋的日子，终不会辜负沉潜的力量。

学习坚持不下去了怎么办

1. 你要习惯只能依靠自己

当所有人都开始埋头苦干、拼命学习，

只有你才能让自己从这场战斗中脱颖而出。

2. 不要拿"学不进去"当借口

你都没有拼尽全力，哪有资格说学不进去？

3. 还没到你拼天赋的时候

你要参加的考试并不难，你只要把知识学好，

作业认真做完，就可以取得不错的分数。

4. 浮躁，只是弱者逃避现实的借口

你不是浮躁、静不下心，

你只是想逃离作业、逃离教室，

你的懒惰才是罪魁祸首。

5. 一切还早？别人已经在奔跑了

努力，从来都不嫌早。

多得一分，你就可能去一个完全不同的地方；

多对一题，你面对的就是完全不同的生活。

先努力，再拥有

种一棵树最好的时间是十年前，其次是现在。

如果你曾经错过，那请从现在开始。

千万别什么都想要却什么都不想做，

这世上除了年龄增长，

再没有什么不劳而获的事情了。

不努力、不尝试、不争取，

你凭什么拥有想要的一切。

提升眼界，打开格局。

半山腰的路总是拥挤的，

你要拥有与获得，那就得去山顶看看。

自律＋努力＋方法＋坚持＋时间＝优秀

梦想不会辜负每一个努力的人

做了很多练习题，考试还是出错不少；
记了一个月的单词，遗忘的也很多。
但别气馁，大脑建立知识连接需要时间，
坚持一下，可能就迎来转机。
生活亦如此，
如果你有目标、有梦想、
有想见的人、有向往的学校，
那就继续加油，别放弃。

考试时间总是不够该怎么办

1. 平常限时做题

设置时间限制是为了提高我们的决策效率，

避免因犹豫不决而浪费宝贵的时间。

犹豫往往源于对题目不熟悉或不确定，

多去总结题目的解题步骤，就能确保准确得分。

2. 培养抓关键词的能力

想要在限定时间内完成试卷，

意味着我们要在短时间内理解题目的本质考点，

这样解答起来才能流畅。

平时刷题时，多试着自己总结关键信息，

能大大提高审题能力。

3. 合理分配做题时间

当你面对难以解答的问题时，

不要花费过多的时间去死磕，

一定要大胆跳过，给后面的题目留足时间。

千万记住，完成大于完美。

请珍惜你现在拥有的一切

你现在做的事情，是世界上最简单的事情。

你在跟书本打交道，你在跟学习打交道。

这个社会上最简单的事情就是学习，

最难的事情是人与人之间打交道。

你只需要好好地去学习，每当到了变天的时候，

你卧室的被子，爸爸妈妈永远帮你叠好放在旁边。

他们希望你现在可以好好地读书，

好好地学习，拥有好的未来。

坚持别人无法坚持的，
才能拥有你想拥有的

一枚贝之所以能将无数的沙粒，

转化成一颗颗璀璨的明珠，

那是长期的用心哺育，

经过了无数个黑夜的承受，

那是所有用心坚守的结果，

并非一朝一夕所能成就。

我们不仅要看到那颗光彩夺目的珍珠，

也要看到那份经历了无数个日夜，

只为别人获得一枚明珠的劳作。

少年的书桌上，没虚度的光阴，十年磨一剑。

那些看似不起波澜的日复一日，

终会让你看到坚持的意义。

只有足够努力，才能看起来毫不费力

如果你想要得到这世上最好的东西，

那就必须先向世界展示最优秀的你。

你不一定要逆风翻盘，但一定要向阳而生。

努力很难、很累、很苦，但如果你一直不努力，

你的生活就会一直很艰难。

造船的目的从来不是为了让它停在港湾供人观赏，

冲击风浪才是船只应该拥有的一生。

希望你不要沉溺在安逸的角落里得过且过，

那些能给你遮风挡雨的屋檐，也能让你不见天日。

只有强大的人才能不惧风雨，为自己撑起一片天空。

没有谁的幸运是凭空而来的，

所谓的好运不过是恰当的时机，遇到了努力的你。

不要因为焦虑去学习，
而要因为热爱所以去学习

你现在的任务就是认真地学习，

而不是因为觉得时间过得飞快而焦虑。

所有人的时间都是一样的，

每个人一天都只有 24 个小时。

你只需要把握好自己的节奏，

扎扎实实地做好每件事就够了。

请你相信，

你在三四月种下的花，

会在七八月绽放。

别嫌读书苦，那是你看世界的路

读书不是为了某一时刻的熠熠生辉，

而是为了人生的每一刻都有自己的底气。

我从来没有长大，但我从来没有停止成长。

我时常在想，当我与改变命运的机会相遇时，

我是否有与之匹配的能力，

所以，我在不断地自我批评中学习与成长。

少年的梦不应止于心动，更应付诸行动。

别嫌读书苦，那是你看世界的路，

我们风雨兼程，绝不空手而归。

少年心怀乌托邦，心仍向阳肆意生长，

我们还年轻，充满无限可能。

很常见，但是会严重影响学习的心态

1. 不懂就问

不懂就问并不是让你做伸手党，

遇到不会的题目和知识点时，请先仔细思考一下，

看看能否通过自己的推导自行解决问题；

或者翻一翻辅导书，看看能否从书中寻找答案，

实在没办法了，再去寻求老师的帮助。

2. 过于情绪化

每次考砸了，就想着我接下来一定要好好学习；

没学几天就觉得早起太累，单词太难背，

又回到了之前浑浑噩噩的状态。

3. 过于完美主义

总是期待一个完美的学习状态，

"今天状态不是很好，等明天再学吧"。

或者就是把笔记和错题本做得比杂志还漂亮，

但是从来不复习上面的知识点。

没有所谓的"完美的学习状态"，

当你决定学习时，请立刻开始。

理想的学习状态是什么样的

理想的学习状态就是心无杂念，

既不被打扰，也不在意他人的目光。

把学习当作一项伟大的事业来对待，

每天晚上都能带着一种饱满而充实的感觉入睡。

如果你一直找不到自己的学习状态，

建议你在自己的桌子上贴一张纸条，

写下自己理想的大学和分数线，

再写下自己的目标分数和一些激励自己的话，

每天学习前读一遍，

让自己充满斗志，快速进入到学习状态。

备考时如何缓解焦虑情绪

1. 当你坚持不住的时候，再坚持一把

也许你因为焦虑、紧张，犯了很多低级失误，

复习的东西没过多久就忘了。

但请你千万不要放弃，你已经努力这么久了，

决不能倒在终点之前。

焦虑没有任何的意义，

在接下来的时间里按部就班地复习，

找到自己的薄弱点，

不要去做那些没有意义的假设。

2. 不要背负过去的包袱

你不可能永远都保持高效的学习状态，

做好的学习计划没有完成是很正常的一件事，

如果你因为这件事焦虑，总想着把昨天的任务补上，

那你欠的任务只会越来越多。

你拖欠的任务越多，你做的就会越少。

这样既可以让自己有完成任务的成就感，

又可以循序渐进地把状态拉回正轨。

什么叫真正的"努力学习"

努力不是每天五点钟都起来背书，

不是每天学到三更半夜，不是每天盲目地记笔记，

死记硬背，这叫机械性的学习。

什么叫努力？

首先你要明白你为什么学习，

只有拥有自己的学习动机，

你学的时候才不会觉得枯燥乏味，

因为你知道自己在为了梦想而奋斗。

其次你要拥有正确的方法，好的学习方法能让你事半功倍，

让你有更多的精力学习更多的知识。

最后是思考，这也是学霸学习效率高的原因，

学习是需要思考知识点之间的联系的。

机械性地抄写，死记硬背谁都会干，

而想把知识都学好、学扎实，不思考是不行的。

再小的努力，坚持 365 天都会很明显

努力是一种需要耐心和持久坚持的修行。

它要求我们独自面对挑战，承受孤独与寂寞。

即使心灵受伤，行动也不可停歇，

要继续履行自己的职责，在逆境中前行。

你所获得的成就与你所投入的时间成正比，

若想获得非凡的成就，

就必须付出更加非凡的努力。

在奋斗的旅途中，

你可能无数次地考虑过放弃，

但坚持，才是你此刻最应坚守的信念。

越想走捷径，你就越难成功

学习就像种下一颗种子，

三天的努力可能只是一时兴起，

三个月的勤奋才是真正开始，

如果能坚持三年，

那才算是真正进入了学习的大门。

俗话说，三年入行，五年精通，十年成为专家。

心慌择路难，欲速则不达。

真正的成功不是空谈，

而是靠一步一个脚印持续不断地努力。

我相信你每天的坚持和努力，

最终会汇聚成通往成功的阶梯。

努力很难，不努力会一直难

必须全力以赴地追求进步，

只有内心坚定，

外界的挑战才无法将你击倒，

如果你自己不想站起来，别人也扶不起你。

真正能让你行稳致远的，从来都是自律和勤奋。

坚持和努力很难，

但成功的路上本就困难重重，

真正的掌声和鲜花只会出现在终点。

默默奋斗才是你现在应该为实现目标而做的，

别摆烂，摆烂没有未来。

想放弃时请对自己说：

我不愿我的人生默默无闻，在人群中黯然失色。

我渴望在辽阔的大海上扬帆，

当迷雾消散，我将看到远方的希望之光。

在时间的长河中，

我将摆脱稚嫩，最终成为自己故事的英雄。

开始，比完美更重要

不要追求完美，
而要勇敢迈出第一步。
学习中，粗糙的开始胜过无动于衷，
一旦开始，就要不断地实践和修正。
面对难题，请你一定要勇于尝试，
保持积极的态度，
你会发现自己逐渐变得熟练。
量变决定质变，
完成比完美更重要。

学习不怕慢，厚积薄发才是常态

学习带来的收获，

并不会像自动贩卖机一样投币下去立见成效，

而是像农夫撒下种子，

要经历春耕夏耘、秋收冬藏，

才会还给你一个硕果累累的秋天。

所以别灰心，

只要一步一步往前走，

总会有厚积薄发的一天。

沉沦的人一旦醒悟，所有人都会给他让路

其实你什么道理都明白，

只要你再努力一些，

就可以像别人一样得到自己想要的成绩，

但你偏偏就是懒于付出任何行动，

偶尔看到一段励志的视频就决定改变自己，

却只能保持 3 分钟热度。

现在你偷过的懒，

生活全部看得见。

你必须叫醒那个沉睡的自己，

读该读的书，做该做的事。

没有人会一直失败，

能叫醒自己的人，

一定会是人生的赢家。

再努力一点，
你终将到达他人无法企及的高度

你是不是一直非常羡慕别人，

在你奋笔疾书、废寝忘食的日子里，

他们在聚会，他们在打游戏、刷视频，

他们看起来好开心。但你没有必要羡慕他们，

因为今天你在做他们不愿意做的事情，

明天你就能做到他们做不到的事情，

达到他们无法企及的高度。

任何一个英雄都要经过一段最沉寂的、

无人问津的时光，

这段时光叫做扎根、叫做修炼。

不要羡慕那些在人群中闪闪发光的人

你在人群中看到的每一个闪闪发光的人，
都是踩着无数的艰难险阻过来的。
你永远待在自己的舒适圈里，
一边如履平地般舒适坦然，
一边嘲笑那些努力奋斗的人，
自然就无法像他们一样拥有耀眼的光芒。
你所见到的惊艳都是不断的历练，
每一个所谓奇迹背后也都饱含泪水与汗水。

熬过去，路的尽头是春暖花开

等你扛过这段暗无天日的日子，

到达胜利的终点以后，你就会变得无所畏惧。

很少有人知道你这三年来有多难熬，

你有多么的烦恼和无助。

相信你一定也体会过那种躺在床上，

眼泪滑过鼻梁，流进另一只眼睛，再滴落到枕上，

打湿头发浸湿枕头，鼻塞到窒息的感觉。

每个人的一生不可能一直顺心如意，

但只要你一直朝着阳光奔跑，

影子就会被你甩在身后。

只有经历过痛苦的蜕变才能让自己强大，

经历过浴火涅槃才能让自己重生，

只有身处逆风之下才能让自己翻盘。

记住，这最后的决战你必须胜利。

青春本就是用来拼搏的

早起背单词，

晚上做习题，

你所付出的努力一天两天无法衡量，

但日积月累，

你的努力终将会被点亮。

当有一天，你蓦然回首来时路，

和那个站在最绚烂的骄阳下曾经青春的自己告别时，

希望你能对他说"谢谢你"，

而不是"要是当初再努力一点就好了"。

现在的汗水和将来的泪水相比，
根本不值一提

如果你现在还有书可以读，还有试可以考，

这在某种程度上也是一种幸福，

因为那说明现在的你还有成长的机会，

未来还有很多条不同的道路等待你去尝试。

不要让任何人来破坏你刚刚调整好的状态，

在最好的年纪去读书、去历练、去成长，

人生最好的状态就是清楚地知道自己要的是什么，

并为了梦想全力以赴。

赶快清醒过来吧，

能把你从低谷中拯救出来的从来不是别人，

而是你自己，是你真正想要改变的信念。

短时间的消沉抱怨并不可怕，努力向前走，

拿出我们背水一战的决心，再勇敢一点。

现在的汗水和将来的泪水相比，根本不值一提。

比失败更遗憾的是在终点前认输

你真的要认输吗？

摞得一天比一天高的试卷，

课本上密密麻麻的批注，

长时间握笔而结茧的手，

这些都是支撑你战斗下去的"勋章"。

你看过午夜时分的月亮，

写过几十分钟一道的数学题，

你真的甘心倒在距离终点咫尺之遥的地方吗？

长风破浪会有时，

你对这个世界的野心应当不止如此。

青春是持续的陶醉，是理性的狂热，

你应是生生不息的火花，

誓与太阳相比谁更耀眼。

愿你可以拨开云雾见天明，

乘风破浪，披荆斩棘。

第三章

学习用对方法
才能事半功倍

语文考试提分技巧，普通人也能轻松掌握

1. 论述类文本

考察你对信息的处理能力，

建议每读完一段之后，都用几个字概括一下段落内容。

这不仅能锻炼你的文字处理能力，

还能提升你的做题速度。

2. 阅读理解

阅读题就是多个模板的综合，

核心都是非常简单的内容。

所以答题的核心是挖掘题目的本质，

再把平时积累的模板往里面套。

3. 文言文

阅读前先看最后一道题，了解文章大意后再看原文。

另外每天积累两三个实词，

实词是文言文的基础。

4. 诗词鉴赏

先看标题和注释，答案大概率就藏在这里。

再结合注释翻译诗歌，搞清楚诗歌的结构，

结合选择题和大题把思路理顺就可以了。

语文阅读理解万能答题公式

1. 答题技巧

①审题，圈出题目中的关键词，了解这道题具体考的是什么。

②看分值，明确踩分点，4分的题大概率要答4个点或者2个点，只答3个点就很容易失分。

③回到原文，阅读时圈出题目中出现过的关键词，在答题时能够快速定位到相关的内容。

2. 标题的含义和作用

①作为线索，贯穿全文，推动情节发展，使文章结构严谨。

②概述文章的主要内容，突出文章的主题。

③设置了悬念，能激发读者的阅读兴趣。

3. 某句话在文中的作用

①文首：点题、渲染气氛、埋下伏笔、设置悬念、总领下文。

②文中：承上启下、总领下文、总结上文。

③文末：点明中心、照应开头。

4. 修辞手法的运用和作用

①比喻：化平淡为生动，化深奥为浅显，化抽象为具体；生动形象地写出了文中事物的特点，表现了作者对它的感情。

②拟人：将文中事物赋与人的情感，描写生动，使事物形象有趣，表现了作者对它的感情。

③排比：增强对于文中事物情感的表达。

④对偶：抒发作者对于文中事物的情感，具有韵律美。

5. 文章运用表现手法的作用

①对比：通过对比文中的多个事物，突出人 / 事 / 物的特点。

②衬托：用文中某个事物衬托另一个事物，鲜明突出了形象。

③象征：象征了某种情感，使文章立意深远、含义深刻。

④伏笔：对将要出现的某个事物作暗示，为情节发展作铺垫。

⑤照应：和前文某个事物相呼应，使文章主题更加鲜明，更加严谨。

⑥烘托：通过对环境的表现和氛围的营造抒发情感，突出主题。

6. 记叙要素的作用

①时间：以文中的时间为序（或线索）来写，使记叙的过程更清楚。

②地点：以文中事物的转换为序来写，为人物提供活动环境。

③事件：以文中事物的事件来写，突出人物形象，使人物有血有肉，特点鲜明，推进故事情节的发展。

7. 归纳文章的中心

①写人为主：赞扬了文中事物的品质，表达了某种感情。

②记事为主：记叙了某件事，批评／歌颂了某个人的品质，表现了某些道理。

③写景状物：采用某种手法，借助对文中某个事物的描写，赞扬了某种品格，抒发了某种感情。

如何学好文言文

文言文重点抓课内基本功，也就是文言文的逐字翻译。

中高考有两个很经典的题型：

一是实词和虚词的意思，考查你对这些字是否敏感。

二是对单个字的翻译。

所以课文下方的注释一定要背得滚瓜烂熟，

平时练习时翻译不出来的句词一定要记录下来，

等到周末的时候统一复习。

复习时一定要摘抄句子，这样才能加深印象。

记叙文满分作文万能模板

【记叙文立意】

1. 横向立意

这种立意方法最为常见和稳妥，
建议在时间比较吃紧时使用，
但这种立意方式很难写出新意。

2. 反向立意

从素材的反面和对立面思考，
通过提出疑问的方式阐述自己的观点。
这种方法比较容易标新立异，
但是容易钻牛角尖、以偏概全。

3. 延伸立意

对材料进行合理地联想、推理和引申。
建议在题目和素材比较抽象时使用。

4. 类比立意

将材料里所给的几项内容进行类比，
从相同点或者矛盾点着手。

5. 以小见大

透过材料的表象探究其本质，
发现小事背后的价值，用小事来表现大主题。

【记叙文选题】

1. 真实

感情真挚动人，材料真实可信，

不可随意编造脱离实际。

2. 经典

所选的材料有代表性，

能相对全面地反映事物本质，

同时保证思想健康、充满正能量。

3. 新颖

从不同的角度想问题，可以让老材料出新意。

【记叙文结构】

1. 一线贯穿式

挑选一个符合文章主旨的事物作为贯穿全文的线索，

它可以是时间、物品、事件，甚至是某个地点、某种感情。

只要能体现材料之间的联系，紧扣文章中心思想即可。

2. 抑扬转换式

想要褒奖，先挑刺；想要批评，先褒奖。

建议用在以情感变化为核心的文章，

可以让情节跌宕起伏，人物形象丰满，

更加突出主题，吸引读者不断地阅读下去。

3. 段落排比式

以与文章中心观点相关的句子为基本素材，

然后不断重复使用相似句型或段落，

形成全文结构的主体框架，

这些句子可以在各段开头引出下文，

也可以在各段结尾做总结。

排比句不仅可以增强气势，还能更强烈地表达中心思想，

整齐的句式和结构，能使文章独具特色。

4. 穿插回放式

多用倒叙和插叙的表达手法。

将思维与时空相结合，以一句难忘的话或一个物件为线索，

将人物、景物、个人情感等内容通过插入、回忆、

倒放等方式串联组合起来，形成一篇完整的文章。

如何提升自己的写作能力

1. 背

找一篇自己喜欢的优秀范文，

然后至少认真读三遍并尝试把它背下来，

你也可以用笔记录全文大致的脉络。

2. 默写

把刚才那篇文章默写下来，尽量保证它和原文一致。

你要尽可能根据上下文，

用自己的语言将默写文章中的缺漏部分补充完整，

期间不可翻看原文。

3. 对比

默写完之后与原文作对比，看看什么地方没处理好，

这就是你和写作高手之间的差距。

再仔细揣摩范文的语句到底好在哪里，进步就是从这里来的。

4. 重复

如果自己默写得太烂，就把前两步重复几遍；

如果默写得还行，就换一篇文章反复训练。

语文如何预习才能有效提高成绩

1. 速读全文，了解文章大意

一定要保证阅读速度，语文一张试卷一共几千字，

很多同学在读题上就浪费了大量的时间。

2. 清空生字词

主要抓成语、多音字、生僻字，

这些都是高频考点。

3. 带着问题读文章

速读完课文后直接翻到课后思考题，

这些题和阅读理解题特别像。

4. 回到原文找答案

根据思考题追踪定位到原文，尝试去概括和总结。

上课时，一定注意听老师的答案和你的答案有什么区别，

这就是语文预习的意义。

语文考试前，如何复习更有效

1. 背诵

把语文课本内所有要求背诵的古诗文，每篇背诵 5 遍，
做到完全不出错为止，再将每篇古诗文默写 1 遍。

2. 阅读

无论是文言文还是现代文的阅读，

一定要将知识点和答题技巧，

用思维导图的方式整理出来，最好再默写一遍。

3. 刷题

结合前两步做真题训练，

每周根据自己的实际情况做 1~2 套试卷，

并严格按照考试的状态做定时练习。

4. 分析

针对错题来分析错误的原因，

找到自己的薄弱点，查漏补缺。

5. 作文

提前准备这四类话题作文：

成长类、家国类、情感类和美景类，

一共七到八篇就足够了。

哪类作文比较容易失分

1. 抄袭

遇到这种投机取巧的行为，

老师一般只给这种作文一个辛苦分。

2. 套作

直接套用某一篇作文或同类作文的写作模式，

这类作文最大的问题就是情感不真实。

3. 失真

很多同学阅读量少，对生活缺乏细致观察，

再加上考试时间紧，只能匆匆下笔。

这样写出来的内容漏洞百出。

4. 跑题

审题，是写作的第一步，更是作文成功的关键。

跑题的作文牛头不对马嘴，与题目的中心立意严重偏离。

5. 千人一面

很多同学因为缺乏日常积累，

只能选择大家一看题目就能想到的素材。

除非你的语言功底深厚，妙笔生花，

否则想拿到高分是相当困难的。

写作高级句子替换法，拯救作文大白话

表达：只有团结才能战胜困难

众力并则万钧举，人心齐则泰山移。

表达：青春是短暂且美好的

青春如初春之萌动，如朝日之喷薄，如百花之含苞。

表达：祝你心想事成

心存希冀，目有繁星；

追光而遇，沐光而行；

愿你所想，皆你所愿。

表达：一生太短了

叹隙中驹，石中火，梦中身。

表达：不经历挫折，怎能取得成功

历尽天华成此景，人间万事出艰辛。

表达：只要努力奋斗，就能取得成功

百舸争流，奋楫者先；中流击水，勇进者胜。

表达：一年之计在于春

春风浩荡满目新，扬帆奋进正当时。

表达：贫穷限制了想象力

囊中羞涩，不知市井繁华。

表达：越努力越幸运

星光不问赶路人，岁月不负有心人。

表达：说话要谨慎

良言一句三冬暖，恶语伤人六月寒。

表达：做人要脚踏实地

流水不争先，争的是滔滔不绝。

表达：道不同，不相为谋

山鸟与鱼不同路，从此山水不相逢。

表达：知己难寻

欲将心事付瑶琴。知音少，弦断有谁听？

倘若南风知我意，莫将晚霞落黄昏。

愿许秋风知我意，散我心中意难平。

不如意事常八九，可与语人无二三。

表达：我好孤独

寂寞离亭掩，江山此夜寒。

独行独坐，独唱独酬还独卧。

缺月挂疏桐，漏断人初静。

悄立市桥人不识，一星如月看多时。

有约不来过夜半，闲敲棋子落灯花。

举杯邀明月，对影成三人。

表达：离别总是伤感的

月有盈亏花有开谢，想人生最苦离别。

梧桐叶上三更雨，叶叶声声是别离。

相逢一醉是前缘，风雨散、飘然何处。

数声风笛离亭晚，君向潇湘我向秦。

莫恨明朝又离索，人生何处不匆匆。

今日送君须尽醉，明朝相忆路漫漫。

长安陌上无穷树，唯有垂杨管别离。

日暮酒醒人已远，满天风雨下西楼。

表达：人要有远大志向

愿为双鸿鹄，奋翅起高飞。

辍耕垄上鸿鹄志，长啸山中鸾凤音。

表达：做人要正直

白首归来种万松，待看千尺舞霜风。

表达：不要在意眼前的得失

不求近功，不安小就。

表达：眼光要长远

不谋全局者不足以谋一域，不谋万世者不足以谋一时。

表达：是金子总会发光的

莫愁前路无知己，天下谁人不识君？

表达：不要随意对他人发表意见

他人观花，不涉你目；他人碌碌，不涉你足。

表达：开心最重要

今朝有酒今朝醉，明日愁来明日愁。

表达：一切都是最好的安排

春有百花秋有月，夏有凉风冬有雪。

表达：未来可期

鹏北海，凤朝阳。又携书剑路茫茫。

表达：对前途担忧迷茫

停杯投箸不能食，拔剑四顾心茫然。

表达：遗憾

人道洛阳花似锦，偏我来时不遇春。

表达：潇洒自在

心似白云常自在，意如流水任东西。

表达：拼搏、奋斗

肩鸿任钜踏歌行，功不唐捐玉汝成。

表达：自律

人不率则不从，身不先则不信。

表达：永不言弃、厚积薄发

立志欲坚不欲锐，成功在久不在速。

表达：爱国、家国情怀

愿以寸心寄华夏，且将岁月赠山河。

表达：有一天

阳光正好，我坐在床边，看着窗外的垂柳，听着孩童的嬉闹，

闻着淡淡的栀子花香，思绪不禁飘向远方……

在我记忆的沙滩上，许多琐事就像一行行深浅不一的脚印，

岁月的湖水一冲，它就无影无踪。

唯有一件事，却像那岸边的大树，深深扎根在我的心中。

表达：我们终究会与很多人离别

小时候我们词不达意，长大后我们言不由衷。

真正的离别，不是桃花潭水，不是长亭古道。

只不过在同样洒满阳光的早上，有的人永远留在了昨天。

表达：遇到困难不要退缩

跋山涉水不改一往无前，山高路远但见风光无限。

表达：努力奋斗，用青春追梦

日月不肯迟，四时相催迫。

在这个属于奋斗者的新时代，

人人都有追梦的权利，人人也都是梦想的筑造者。

表达：坚韧不拔

风雪压我两三年，我笑风轻雪如棉。

如何培养数学思维

所谓的数学思维主要就是这三种能力：

读题的能力、读答案的能力和精读课本的能力。

1. 读题能力

读题的关键是发现题干中不同元素之间的关系，

比如角和角的关系、边与角的关系。

平时在刷题的过程中，可以主动地去寻找这些关系，

并用自己的话描述出来，这才是真正的深度思考。

2. 读答案能力

读答案本质上是回忆答案的能力，

回忆答案并不只是为了得到一个结果，

而是你可以在草稿纸上，

一步一步地把答案完整地复刻出来。

3. 阅读课本能力

越到高年级，数学越根植于抽象的概念。

任何一个数学学霸，都能用精确的语言表达概念。

所以你要反复地阅读课本，

不断地围绕课本里的概念向自己提问

"我到底能不能用自己的话把它说出来"。

数学基础差，如何才能逆风翻盘

1. 学习知识点

像小学生一样，把课本逐字逐句地读完。

弄懂课本究竟讲了什么，把不懂的地方圈出来。

2. 看网课

找一个你喜欢的老师的网课，

重点听你在读课本时不理解的地方，

然后重新整理笔记，将所有例题做一遍。

3. 做题

找一本带答案和解析的练习册，或者用网课的讲义，

把与刚才学习的知识点相关的习题都做了，

然后对照答案，看看哪里错了，什么题不会做。

搞不懂就重学，网课听不懂就去问。

4. 复盘

把你做题时遇到的所有不理解的、

不熟悉的知识点和考点思路，

用一个专门的本子记录下来。

复习时，再看看你能不能理解所写的东西，

反思自己的解题思路。

数学如何预习才最有效

1. 读

一字一句地把课本的主题内容精读一遍，
书中提到的概念、公式、定理、
例题解题步骤都要完完整整地过一遍。

2. 划

把课本上的关键字、词、重要概念划出来。

3. 动手

把课本内容转化为图形语言或者数字语言，
边读例题边把图形画出来，把对应的数字标上。

4. 理

梳理知识点，结合章节课后小结梳理思维导图，
这样做能对知识点形成系统性的认知。

5. 查

数学知识具有较强的连贯性，
要及时回顾前几个单元学过的知识。

6. 练习

演练课后例题、思考题，标记有疑问的地方，
带着问题去听课，听不懂及时问老师。

很努力学数学，成绩还是不好，怎么办

1. 搞懂核心概念和定理

书本中出现的概念和定理非常重要，

这是答题的基础，务必背熟搞懂。

2. 熟练推导

尝试自己推导书中的公式和定理，

实在想不通再看书，看不懂就抄下来反复看，

熟练掌握推导过程是学好数学的核心。

3. 记录感悟

一定要将推导公式的过程中感悟到的内容、

弄懂的题目记在本子上。后期不断回顾，以免忘记。

4. 高频回顾

对抗遗忘最好的方法就是高频回顾。

发现忘记了某个公式或者定理，就从头复习一遍，

反复做题，达到熟练不忘。

5. 循序渐进

在舒适区内不断向外扩张，拿下自己不会的公式，

切忌直接学习和当前能力完全不匹配的知识，

以免带来挫败感。

考试总因为计算丢分怎么办

1. 在写草稿的时候，千万不要字连着字

给每一道题都预留出足够的空间，

中考时是可以举手要草稿纸的，

不用担心草稿纸不够用。

2. 头脑清醒

很多题目算错并不是因为它难度很高，

而是因为一些小细节的疏忽，

比如加减号看错了、基础的三角函数公式算错了。

这是因为当你考试进入一定状态时，

你的大脑会开始混沌。

建议每做完一道题深呼吸一下，

消除大脑混沌带来的负面影响。

3. 转变思路

计算其实不会占用太长的考试时间，

一定要把足够的时间留给计算。

若是解题思路错了，你可以考完试以后总结归纳；

但若因为计算丢了分，那这些分就是白丢的，

因为你无法从计算错误里总结出什么经验。

为何数学都会了，考试却还是总出错

数学只有"会"和"不会"两种状态。

以下这几种情况统称为"你不会"，

不要给自己找借口，更不要自我安慰。

①只知道结果，但是不会写计算过程。

②有解题思路，但是无法把思路转换成解题步骤。

③上课都能听懂，但是一做题又没有头绪。

④这道题之前会解答，但是后来忘记了。

⑤这道题会解，但少讨论了一种或者多种情况。

⑥解题步骤都写对了，但是结果计算错误。

英语提分，提的是语感

1. 模仿

想学一口地道的外语，你要像孩子学别人说话一样去学。

你可以从模仿中体会到讲母语者的发音、声调、语气、

节奏甚至神态，并通过模仿去熟悉他们的表达习惯。

一定要开口去说，只听是学不好外语的。

2. 泛听

你可以在洗漱、吃饭、散步时找大量的外语新闻来听，

即使没听懂也不用纠结，能听懂多少算多少。

如果你本身的基础比较薄弱，建议你使用精听。

3. 精听

第一步，找一段适合自己的文章，先脱稿听一遍，

大致理解一下文章想要传达的信息；

第二步，从头开始再听一遍，每听一句，

就暂停下来复述一句，这一步需要全程录音；

第三步，比对原声和自己的录音，查找自己的缺陷。

4. 朗读

找大量的外语材料，并用正常说话的音量放声朗读。

这样做可以让你理解语言的发音规则和习惯。

英语学习的优先级是什么，怎样抓重点

1. 提升阅读能力

你读的内容多了，虽然你听、说可能会不利索，

但至少你的内容输出能力是没有问题的。

阅读的优先级是：词汇量 > 语法 > 专业知识 > 大于阅读习惯。

2. 词汇量是阅读的地基

哪怕你完全不懂语法，但只要你能看懂单词，

也基本能明白文章要表达什么意思。

3. 语法的优先级是：句子成分 > 时态 > 词性 > 其他

句子成分：主谓宾、定状补这些结构，

它们的顺序关系千万不能搞错，

否则别人完全不知道你要表达的意思。

时态：虽然汉语里没有时态这个概念，

但对于英语而言，时态是相当重要的一环。

词性：就是什么地方该用什么词，

比如该用形容词，你就不能用名词。

细枝末节：比如单数还是复数，

这个对阅读而言不会有太大的影响，

但在考试中还是需要保持严谨。

如何提升英语阅读水平

1. 略读

大致浏览，尝试理解文章，这步很简单。

就像泛读一样，大概看一遍，

知道文章整体讲的是什么就可以了。

2. 拆解结构

拆解结构，搞清楚文章的逻辑结构，

比如说文章是总分结构，还是按时间顺序叙述。

除了文章整体的结构之外，

每部分、每段落都有内在的结构句子，

句子之间也会有内在的关联，

这些东西都要搞清楚。

3. 细读

逐句细读，以句子为单位，把每个句子学透，

包括里面的长难句、词组、单词都不能放过，

尤其是长难句，应该着重研究。

4. 回忆

重新翻译，对照着中文翻译成英文，

再对照着英文原文不断去优化。

回忆是非常有效的训练写作、阅读的英语学习方法。

5. 复述

复述文章，用英语把整个文章复述出来。

如果你能做到整体思路相似，逻辑结构一致，

每段的核心内容也都八九不离十，

那么这篇文章你就算是完成了精读。

英语基础不好，如何快速提升

1. 背单词、背句型

多读自然而然就会背了。背不下来的时候，就去抄写，

多抄写几遍总能记下来。

2. 背课文

英语课文背不下来主要是因为重复的次数不够。

先一句句地背诵，直到能把所有句子串联成课文，

背诵完之后再反复读几遍，

直到熟练后，再进行下一段。

背会整篇课文，就去默写。

你默写错的地方，可能就是考点。

3. 阅读、口语、听力

多利用碎片化时间，一边做听力训练一边跟着读出来。

空闲时找一些喜欢的英文小说或者书籍来读。

当你被内容吸引而读下去的时候，阅读能力自然就提高了。

英语如何复习才最有效

1. 阅读和单词

得阅读者得天下，而阅读的基础就是背单词。

如果你背单词很痛苦，可以用这 2 种方法：

①每天背诵，把英语书后面的单词表，

按照剩余天数均分每天要背的单词量。

②利用好碎片化的时间。

2. 听力和口语

想要提高听力水平，你可以先尝试每天读一读课文，

一定要念出来，平时多听听英语新闻，磨磨耳朵。

若只坚持一段时间就放弃，

或者某一天突击做了大量听力内容而之后几天又不做，

效果就会适得其反。

3. 写作

在阅读时积累一些好词好句和作文模板，建议分类收集，

例如：建议信、投诉信、申诉信。

如何把单词的短期记忆变为长期记忆

1.A4 纸背单词法

①在纸上随意写下第一个单词，英文读 1 遍，中文读 5 遍。

②写下第二个单词，英文读 1 遍，中文读 5 遍。

③返回第一个单词，英文读 1 遍，中文读 5 遍。

④写下第三个单词，英文读 1 遍，中文读 5 遍，

之后返回去将前两个单词复习一遍，以此类推。

2. 艾宾浩斯背单词

①找一张纸沿着长边对折，单词写左边，中文写右边。

②写上背诵日期，按照艾宾浩斯遗忘曲线进行打卡复习。

③复习时，只看单词回想释义、只看释义回想单词，各背一遍。

3. 一步三回头背单词

①把纸折叠分为 3 列，一列单词，一列释义，一列默写。

②每 5 个单词为一组，一个单词背 5 遍英文、5 遍中文。

背完一组，再回头复习之前的 5 个，以此类推。

③一页写满后，遮住释义背英文，再遮住英文背释义。

如何在短期内大幅提升英语听力

1. 如果你听绝大部分材料时，50% 以上的内容都听不懂

①你英语单词储备量不够。

建议先把基础的单词背下来，再去熟读书里的课文。

②你的读音不标准。

你要多做听读训练：先把一篇课文读懂，之后一边看着课文，

一边听着标准的朗读录音，每篇课文至少听 10 遍。

在听完之后尝试跟着录音一起朗读出来。

2. 如果你能听懂 70% 以上的内容，但就是听力题做不对

准备 5 份英语听力音频加文本来练习，

最好是历年英语听力真题。

①每听一句，就把你能听到的内容写下来，

写不出来的地方就先空着。

②再听一遍，把第一遍漏听的地方，

补充在刚刚所写的句子里。

③看着听力文本对比自己所听写的句子，

用不同颜色的笔把自己写的句子补充完整。

④结合自己写的文本再听一遍音频，

把自己刚才没听出来的地方多听几遍。

初中物理要怎么学更容易掌握

1. 初中物理主要是以生活物理为主

学会用书本上的知识来解释生活里的种种现象，

再用生活里的现象反过来记忆物理知识，

结合现象理解背后的逻辑，你就会发现物理其实很简单。

2. 做题的时候，把题目中的要素转化成物理符号

比如加速度、位移这些名词。

这样你就知道自己需要套用哪个公式，

以及需要如何变形才能得到正确的结果，

你的思路也会变得很清晰，不会犯低级的错误。

3. 初中物理考的模型并不多，题型也是换汤不换药

你不会的模型或者题目一定要重视起来，

每周要专门留出一段时间，去练那些自己不会做的题。

解不出来的题，可以先看看答案，

了解整体逻辑，然后拆解细分模型、公式和原理。

要做到当你看到题目条件，就反射性地想到它的切入口。

化学学不好，缺的是方法

1. 学好化学其实并不难

与物理相比，化学在计算部分需要的逻辑思维更少；

和生物相比，化学需要背诵的知识点更少。

掌握主要的知识点和题型，就能考取比较理想的分数。

2. 如果你的化学成绩总是不及格

很大原因是选择题的正确率太低。

这时候你就要准备 6~7 张试卷，

把选择题部分全部内容认认真真地做一遍，

看看你到底是不了解哪个知识点，

把不会的知识点多抄写几遍，直到背下来。

3. 如果你化学分数及格，但是成绩一直不理想

这时候你需要在大题上进行大量的专项训练。

学习步骤和第 2 点是一样的，

只是针对的对象从选择题变成了大题而已。

在这个过程中一定要使用错题本，考试前记得翻一翻，

把所有的题型套路都摸清楚了，你的成绩自然就会上去。

如何提升生物成绩

1.吃透教材

要把书本里的知识弄懂，

你可以尝试把书本里的知识讲给自己听。

具体方法是：先把书看一遍，然后合上书，

看能不能在脑子里把大致的知识框架整理出来。

2.刷小题

刷小题不仅可以夯实知识点，还能熟悉考法。

如果遇到很新颖的考法，一定要有意识地记录下来，

最好做到看到一个题目，

立马就能反应出要考的知识点是什么、有什么易错点。

3.归纳大题

生物大题的计算难度不高，做大题不求快但求全。

重点是归纳整理做题的套路，你总结的套路越多，

做大题的速度自然就越快，准确率也就越高。

4.重视复习

把上述 3 步总结的知识点、出题方式、

易错点套路全都记在专门的本子上。

依靠重复多次的复习，尽量在考试之前达到熟记于心。

做好这几步，你生物拿到高分就是大概率事件。

"小四门"要如何学习更有效

1. 上课的目标就是划重点、找考点

老师重点强调的考点、难点，
甚至补充的知识点都要在空白处记下来，
这些就是缩减版学习资料。

2. 教辅结合

买一本标记了重点的辅导书，
把你在学校里划的重点和辅导书结合，
这样需要背诵的范围就非常精准了。

3. 充分利用碎片化的时间

把填空题、选择题理解并背熟，
其余的时间拿来攻克大题。

4. "小四门"不需要刻意提前自学

虽然"小四门"的难度不大，主要以背为主，
但在不了解重点难点的情况下，
单纯地埋头苦背不仅没效果，还容易滋生厌倦情绪。
可以在日常生活中多看一些通识类的书籍、杂志、纪录片，
不仅能培养学习兴趣，还能记住一些知识点。

背书有哪些常见误区，如何提高背书效率

误区一：每次复习都想百分之百地记住一个单词

记住了再背下一个单词，

一道简答题一字不落地背完了再去背下一道题，

这样做费时费力，事倍功半。

误区二：按照固定的指标复习

500 个单词要 10 天背完，那就每天背 50 个单词，

结果一边背一边忘，每天纠结是先复习还是继续往后背，

摇摆不定，患得患失。

误区三：所有的知识点一视同仁

每轮复习特别认真，从头到尾一字不落，看着很努力，

结果会背的还是会背，不会背的还是不会背。

正确做法：

1. 大声朗读

对着课文逐字大声地朗读出来。

2. 读 3 遍

连续读 3 遍，保证阅读流畅不卡壳后再开始试背。

每背一遍都会发现一些遗忘的地方，那就着重记忆这些地方。

3. 串联关键词

圈出关键词，再将关键词串联起来，

在大脑中形成画面进行形象记忆。

4. 捂耳闭目

闭着眼睛，捂住耳朵，结合大脑中的画面进行默读背诵。

5. 对镜背诵

把前面背过的内容，对着镜子背给自己听。

6. 默写

默写完对照原文查漏补缺，加深记忆。

7. 长期记忆

早上和晚上是黄金记忆时间段。

睡前读 3 遍，早上起来再背 1 遍。

结合艾宾浩斯遗忘曲线，

利用碎片化时间重复记忆 28 次以上，

将内容变成长期记忆。

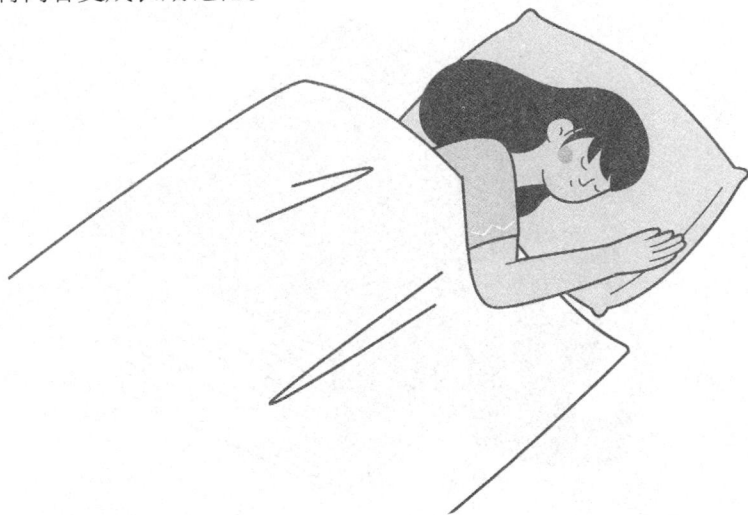

预习有哪些常见的误区

1. 预习的时间越长越好

预习和学习的时间分配比例是 1:4。

2. 预习要求面面俱到

这既不现实，也没有必要。

预习只是为了弄明白哪些知识是难点，

让第二天的听课更有效率。

3. 预习越早越好

预习一定要放在复习和写完作业之后，

否则知识点容易混乱。

考试结束后，如何有效复盘

1. 对答案

用错题本记录错题，并把答案写在题目左侧空白处。

2. 看解析

将自己的做题思路和答案作对比，查看是哪里出了问题，

再将错误原因和知识点写在题目右侧空白处。

3. 忘掉错题

复习其他科目的知识，两三个小时以后开始第一次复盘。

4. 当天第一遍复盘

挡住答案，结合记住的知识点把错题做一遍，

如果还是做错，找对应的网课把这个知识点弄懂，

记得将做错的题目做好标记。

5. 每隔 3 天复盘一次

把答案和知识点都挡住，再做一遍所有的错题。

之后的每次复盘，只做上次复盘时做错的题。

6. 什么时候停止复盘

一是不再有错题时，就没必要复盘了；

二是答案都背下来时，再复盘这套题就没用了。

7. 每周大复盘

在本周错题中，把大于 3 个标记的题整体过一遍。

考试怎么检查，才能避免失分

1. 快速看一遍答题卡

确保没有低级的失误，

例如涂错选项，

或者漏答、错答的情况，

这个检查三五分钟就能做完。

2. 理科科目检查一下每道大题的第一问

确保计算得出的数是正确的，

第一问算错了，后续的结果就都不对了。

3. 文科科目建议从头开始检查

把题目重做一遍，两次答案一样就跳过；

两次答案如果不一样，就认真审题再做一遍，

以最新的答案为准。

4. 如果发现大题出错了，时间也不多了

这个时候先冷静下来，能做多少是多少。

你在冷静的情况下能拿到的分数，

肯定比慌乱状态下的得分多，这是毋庸置疑的。

考试的"偷"分技巧

1. 语文

阅读理解宁愿多答，不要少写；

作文题目不要忘，开头不要写错字，字数尽量多写100字。

2. 数学

选择填空多用特殊值代入法；

压轴题实在不会，"解"和相关公式都要写上。

3. 英语

阅读题先看题目，再读文章，定位原句，

找相同的词；作文提前准备万能句型。

4. 物理

公式必须是原形，不能用变形的结果代替。

5. 化学

仔细审题后再答题，计算过程也要带单位；

要求写出计算过程的，千万不要省略步骤。

6. 政治

注意答题分点，避免出现大块文字，方便阅卷老师批阅。

7. 历史

按照分值去答题，题目给几分就写几点；

多从材料里面筛选有效信息。

保证高效学习的休息方法

1. 根据《睡眠革命》一书，睡眠时间为 90 分钟一个周期

当睡眠时长为 90 分钟的整数倍时，人会更加精神。

午休半小时足够了，不要贪多。

2. 保持心态平稳

当你突然觉得很烦躁，不想学时，

立刻停手放松一下，转移注意力。

3. 冥想

当我们因为高强度的学习感到疲惫时，

可以闭眼冥想、深呼吸。

4. 强身健体

一定要运动，多喝水，确保充足的睡眠，

避免第二天上课犯困。

如何利用课间快速恢复精力

1. 静心

闭上眼睛吸气、屏气、呼气、屏气各 4 秒，

重复做 3 组，能让你快速平静下来。

2. 调整呼吸

找个最舒服的姿势坐下，保持正常的呼吸节奏，

闭上眼，把注意力都放在呼吸上，

感受空气从鼻腔进入你的身体，再从嘴巴呼出来。

3. 保持专注

当你的大脑不自主地开始胡思乱想，

你只需要把注意力重新拉回到呼吸上来，

一呼一吸，直到上课铃将你唤醒。

比勤奋更重要的，是深度思考的能力

告别偏见，少说我觉得。

自审观点，多问为什么。

拓宽认知，多听别人的看法。

逆向思维，从多角度思考问题。

排除干扰，提高专注力。

总结推理，多想还能做什么。

阅读专业书籍，总结自己的思考方法论。

多读不同类型的书，学会接受不同的观点。

多写多画，让你的思维可视化。

大量地刻意练习：写作。

不把时间浪费在垃圾信息上，多做一些提升自己的事情。

与娱乐保持边界感，远离肤浅、只消费情绪的无用娱乐。

看一些经典电影，写影评，思考电影带来的感悟。

对任何事物保持好奇心，对生活保持探索的心态。

身边常备纸和笔，随时随地记录自己的想法。

每天晚上临睡前，在脑子里复盘与总结一整天。

定期运动，保持充足睡眠，让大脑"喘"口气。

如何提高做题效率

在日常做题时你可以这样训练自己：

1. 训练题目翻译能力

拿到题目之后，你就要对题目进行翻译，

看看它具体考哪些点。很多题目看起来很复杂，

但其实就是个"纸老虎"。

2. 训练计算能力

很多同学做题时只关注思路，

知道题目怎么解之后就不计算了。其实是不对的，

因为数理化这些科目有一个训练点就是计算，

所以即使知道题目怎么解答，你也一定要计算出来。

3. 总结类型题

主动总结类型题。

很多题目的内核是一致的，解题的思路也很相似，

在日常做题时就要有意识地总结归纳，

最好能做到看到某个题，

就能马上想到同类型题目的解题思路。

考试时间不够，来不及写作文怎么办

在考试倒计时仅剩 40 分钟之际，

作文尚未动笔，这时你可能会感到焦虑。

你要做的首先是保持冷静。

通常情况下，只要逻辑清晰，

普通人的书写速度足以在 30 分钟内，

完成一篇 600 字以上的作文，

切勿因时间紧迫而草率下笔，

否则可能会影响你的正常发挥。

首要任务是深度解读题目，

看清楚题目要求你书写的主题和背后的含义。

其次，运用你的素材库，

检索自己是否曾经看到过与主题相互契合的素材，

过滤出来作为整篇文章的脉络构架。

最后，力求减少错误和修改，保持卷面整洁，

字迹清晰至关重要。

提高时间管理能力，最有效的方法是什么

番茄学习法是训练时间管理最为有效的方法，

原理是将每 30 分钟设定为一个番茄时间，

并且将它分隔成 25 分钟的学习时间，

以及 5 分钟用来恢复专注力的休息时间。

准备两张白纸，一张罗列出你一天的任务，

另一张则是记录你在每个番茄时间内，

因为某些琐事而被打断的原因。

当你连续完成了三到四个番茄时间后，

可以享受一次较长时间的休息。

坚持每日记录，逐渐培养良好的习惯，

你会发现，一个月后，你对时间的掌控力增强，

注意力更为集中，学习和工作效率显著提升。

对于渴望提升学习成绩的我们，

这些改变近在咫尺。

高效学习的本质是放弃

因为你自身的精力有限，

只有放弃没用的东西，整体的效率才会高。

1. 你要学会放弃低性价比的任务

对学习来说，高投入低产出的行为是很傻的。

很多人会抱怨作业很多，但是忙了一天，

哪些是有收获的，他是说不出来的。

所以对于没产出的任务要果断放弃，

而有些任务哪怕有产出也要放弃。

比如不带脑子地抄课本、抄古诗，

如果你能理解后自然地记下来，

花费的时间还不到一半。

2. 挑出 3 个性价比最高且必须要完成的任务

开始学习的时候，先做这 3 个，

如果做完 3 个已经很晚了，

就直接用笔划掉其他任务，保证充足的睡眠。

3. 学习是个漫长的长跑

当长期和短期发生冲突，

就要果断放弃短期的利益。

切莫为了一时的分数，熬个通宵，

第二天就什么都学不进去了，

效率下滑，进度越落越多，形成恶性循环。

怎么培养抗压能力

记住一句话——"我永远有办法"。

当你不断地给自己正面的暗示，

你就会看到事物充满希望的一面，

你的大脑会主动帮你寻找解决方案。

当你靠自己成功地解决了这个困难，

这次的经验会反过来塑造你对自己的定义。

就这样在一次又一次的重复下，

你的抗压能力就会逐步提高。

如何快速进入学习状态

1. 微起步法

在学习任务开始前，

把这一个小时的学习任务拆解，

拆解到每个时间段做什么事情，

拆解得越详细，大脑会越不恐惧，

只要起步了前 5 分钟，就会坚持更久。

2. 激励法

学不进去就先别学新的知识点，

找一套卷子做一下，通过考试来暴露问题。

当然你面对卷子上的错题，学习动力就来了。

学习太枯燥学不进去怎么办

1. 调整学习难度

很多中下游的同学之所以讨厌学习，

主要是一直在钻研那些远高于当前自身水平的题目，

导致自己一直处于慌乱、烦躁的状态。

尝试主动地降低一点学习难度，

甚至直接回归课本例题，

你只需要让每天的学习任务，

比之前稍微难一点点就可以了。

2. 切断所有诱惑

为什么在家自学的效率很差？

因为家里到处都是诱惑，比如电脑、漫画、手机。

想要进入学习状态，必须学会主动切断所有诱惑，

让书桌上只有教材和辅导书。

3. 积极反馈

游戏之所以会让人上瘾，

是因为游戏一直在持续不断地给你正反馈。

所以你今天的学习任务结束之后，

要把今天学到的知识对着镜子讲给自己听，

感受分享知识带来的成就感。

做事浅尝辄止，容易放弃怎么办

为什么别人做一件事能够坚持很多年，

而你却总是半途而废，容易放弃？

因为你忽略了最重要的一点，

那就是屏蔽失望。

当你正在做的这件事让你感到了挫败感，

比如学了一学期成绩却不理想，

就自暴自弃不学习了，

练习乐器一段时间，感觉不到任何进步，

于是就把乐器放在柜子里"吃灰"。

但凡你有这样的逻辑，那什么事你都做不好。

因为让你失望的情绪迟早会回来，

你自身就开始抵触努力。

所以在你遇到问题的时候，

一定要积极寻求解决办法。

其次一定要远离否定你的环境，

不要为了合群或赢得别人的认可而放弃你的想法。

最后就是静下来，在自己闲暇的时候，

把让你失望的事拿出来梳理，排解自身情绪，

才能不断提高自己应对三分钟热度的能力。

如何克服学习焦虑情绪

1. 以行动化解焦虑

专注当下，做好每一件该做的事。

你做的事越多，就越专注于当下的行动，

焦虑也就越少。

2. 减少无意义的比较

每个人的学习状态不同，

看到别人努力时不必担心、焦虑。

学习是和自己的赛跑，

优秀的朋友是战友不是敌人。

3. 允许自己适当放松

长时间无休息的学习会导致身心疲惫，

在持续努力一周后，可以给自己放一天假，

适当的放松是为更长久的努力作铺垫。

如何在学习压力下保持松弛感

1. 坚持长期主义

所有的伟大都来源于日复一日的平凡，

要持久地坚持，而不是激情和折磨式地努力。

2. 保持松弛感

松弛不是松懈或躺平，而是找到自己的学习节奏。

3. 保持穿针心理

穿针一样不紧不慢，不要患得患失，看淡别人对你的期待。

4. 回归自然力

不要担心不被重视，不要拉大自己的心理落差。

5. 培养和保持热爱

不要一开始就定较高的目标，学会享受阶段性成果。

6. 专注事情本身

学会蛰伏是人生不可或缺的阶段，

默默沉淀不焦躁，才能化茧成蝶。

7. 提高钝感力

学会接受失败，快速遗忘不愉快，

全身心投入到下一次挑战中。

8. 降低期待值

不要把目标定得太高，着眼于当下可以达成的目标。

考试时太紧张大脑一片空白怎么办

人在紧张时会处于盲目的半失控状态，

如果此时你想说服自己不要紧张，可能会适得其反。

你可以问自己 3 个问题，边思考边让自己冷静下来。

1. 你努力过吗

如果没有努力，那就没有什么好担心的，

考好了反而是运气；

如果真的努力了，

那你已经把该做的事都做好了，

也没有必要担心了。

2. 真的会考差吗

既然知识已经滚瓜烂熟了，

那么考出好成绩就是大概率事件，

不必为考差的小概率事件焦虑。

3. 考差了会怎样

认真复习，争取下次超常发挥，甚至还可能是件好事，

当你再面对这些问题时，大脑会更加清醒一点。

感觉学习压力大，怎样排解压力

1. 哭出来就好多了

找个私人空间，让眼泪畅流，

你会发现心情会轻松很多。

2. 取悦你的五感

比如用毛茸茸的被子包裹自己，听古典音乐，

踩落叶，尝试一些新的食物。

3. 让自己动起来

做一些简单的运动，

比如骑单车、散步、瑜伽或者跳舞。

4. 找一个暂时的"避难所"

找一个可以让你暂时逃离现实的避难所，

可以是一个地方、一个物品、

一个活动，或者一个想象。

5. 与他人建立链接

打电话给朋友，加入兴趣小组，参与公益活动，

或者和家人、朋友、宠物进行亲密接触，

都能让你感到被爱和温暖。

如何提升自己的阅读速度

影响阅读速度有 3 个原因：

1. 回读

在阅读的时候总是会漏掉信息，

以致时不时就要往回看，最终导致阅读速度变慢。

你可以用手指辅助，指着文字逐字去阅读。

2. 脑子里有声音在复述

这个是小时候朗读课文留下来的后遗症，

你需要摒弃掉这个声音，

否则你阅读的速度只会远远慢于朗读的速度。

你可以一边阅读，一边数"1、2、3、4"，

用数字来替换掉复读的声音。

3. 阅读视野太窄

很多人阅读速度慢，主要是因为一眼只能看到一个词语。

这时候就需要你扩大阅读视野，

可以使用舒尔特表格法来进行练习：

在纸上画出 5×5 的方格，

在每个格子里随机写上不重复的数字，

用手指着数字从小到大读出来。

学习怎样才能避免挫败感

面对这种情况，关键在于如何调整心态。

不要沮丧，先查找翻阅答案，然后反复思考。

当你多次重复这道题的解题思路时，

你就逐渐掌握和理解了这类题型的精髓。

在学习知识的过程中，我们的首要任务不是创新，

而是要扎实学习和深入理解知识。

学而不思则罔，思而不学则殆。

如果你愿意花费 2 个小时去钻研一道难题，

就别吝啬于花 10 分钟去剖析解题过程。

很多看似新颖的问题，往往潜藏着熟悉的模式。

如何平衡思考和学习，

而非仅仅停留于冥思苦想上，

才是值得我们考虑的关键。

如何让勤奋变得高效

1. 定义明确的目标

将大目标拆分为多个可操作的小目标，

然后逐一针对性地练习。

2. 保持专注

集中注意力，通过碎片化重复，

把知识从短期记忆转化为长期记忆。

3. 获取反馈

通过老师或影像资料，

及时纠正自己的错误并马上改正。

4. 脱离舒适区

适当的困难会让你获得巨大的满足感，

而满足感又会促使你继续向更高的目标前进。

刻意练习的核心是高水平的勤奋，

而不是机械的重复，

主要目的是掌握处理问题的套路。

当你面对复杂问题，能立即想到多个套路来解决，

刻意练习的目的就达到了。

同一类型的题目反复错怎么办

我们要做的首先是排解掉自己身上无形的压力。

不要因为这道题做错了很多次，

就觉得这道题是一个巨大的阻碍，

这种无形的压力会让自己头脑发蒙，

结果就是越做越焦虑。

我们要做的就是用平常心去看待题目，

把题目当作第一次遇到来做。

第二步就是要回归课本，回到对应的那个单元，

既然你已经错了很多次，

说明你对这个单元的知识点掌握是十分混乱的，

需要重新开始梳理一遍。

第三步，当你都搞懂了，你要把它记录在错题本上，

每个周末你都去做一做错题，

考前也再做一次。

遗忘是常态，学霸也是会忘的，

只不过学霸他比非学霸巩固复习要多一点。

第四步，把类似知识点的题全部找出来，

拿一个假期的下午全部来做一遍，

保持耐心，控制情绪。

做练习题常见三大误区

1. 做题越多越好

做课外练习的目标是用最少的题，达到最好的效果。

所以一定要精选题目，筛选出典型题，

并且通过不同题目之间的交集，

检查出自己有没有知识点的漏洞。

2. 一直做新题

这样做看上去好像是做了好多题，但一直往前做新题，

很可能会在同一道题上反复出错。

所以一定要花大量的时间去回顾错题而非做新题，

否则很有可能你练的新题越多，错的反而也越多。

3. 选择题的难度有问题

特别难的题容易把一个人卡住，让人对学习产生消极情绪；

一直在做简单的题，不仅无法取得进步，还有可能会退步。

真正难度适中的题目，是那种要踮起脚来刚好能够着的题目，

并且在练习的过程中，一点一点地加大难度，

持续地提高自己的水平。

坚持一段时间，你就能明显地看见自己的成长。

准高一的同学在暑假应该预习哪些科目

1. 英语

提前背一背核心单词和常考词汇，多看看经典的英文电影。

2. 数学

提前预习函数，注重分析的过程，培养自主学习能力。

3. 语文

读四大名著，主攻文言文和古诗词，

提前背下来新学期会轻松很多。

4. 物理

看数学必修三角函数，因为物理一开始就要用到三角函数，

初中受力分析没学好的赶紧补，尤其是摩擦力部分。

5. 化学

背元素周期表，建议先预习氧化还原和化合价部分，

否则很可能是你高一上学期最吃力的点。

想要减少痛苦，就必须要拥有"屏蔽力"

屏蔽力号称"人的顶级能力"，

很多人总喜欢胡思乱想，

而这些想法会消耗掉人的很多精力，

导致他没有精力去学习和提升自己。

当你感觉到自己在走神时，

用纸笔记录下当下的想法。

然后自我判断一下，

这些想法是正向的还是负面的。

如果是负面的想法，

你就在脑子里把这件事完整地想象出来，

然后将面前记录的纸撕碎，扔进垃圾桶。

把这些负面的情绪多扔几次以后，

你会发现在未来的一段时间里面，

你能更专注地去做那些真正有价值的事情。

不经意间提升自己的几个习惯

1. 每天阅读 30 分钟

语文的学习就是依靠日常的点滴积累，

读书也是提升阅读和写作能力的有效方法。

2. 每天运动 30 分钟

每天只要拿出 30 分钟，去坚持做一些简单的运动，

你在体育考试时就不会那么吃力。

并且运动能加强你的专注力，提升精力，

能让你在长时间的学习过程中保持高效。

3. 每天早饭时间听英语

每天早饭期间，坚持听英语小说或者是英语新闻，

你可以在上学或者放学的路上听。

用这些时间磨耳朵，不仅能培养语感，

对英语听力也有很大的提升。

4. 周末看一部纪录片

看一些优秀的纪录片，不仅对学习语文、历史有所帮助，

更能提高你的见识，拓展人生的格局。

5. 周日进行一周复盘，规划下一周的目标

在每周天睡前，先复盘一下这一周的计划是否都完成了，

如果没有完成是什么原因，再调整制定下一周的计划。

如何拥有一个自律的假期

1. 疯狂地玩三天

不要觉得自己一放假就会认真学习，

你越压抑想要玩的想法，最后反弹得越严重。

不如干脆给自己三天时间疯狂地玩，

但是要和自己做好约定，三天之后立马去学习。

2. 给自己加油打气

去网上搜一搜自己目标高中或者大学的分数线，

看一看励志电影给自己加油打气。

3. 定目标，拆计划，认真执行

认真地列一下假期期间需要完成的学习任务，

然后按照自己最舒服的学习方式，

把所有任务拆解到每一天，再请父母监督你。

知识不进脑子，可能是读书方法错了

想要真正的将一本书吃透，阅读的方法很重要。

1. 循序渐进

把文章从简单到难，循序渐进地完全搞懂之后，

再综合地看文章想要表达的含义。

2. 熟读精思

在熟读的基础之上，还要加上精思，反复揣摩。

让书里面的话仿佛是自己说出口一般，

让文章和自己浑然一体时，才能算真正的精思。

3. 虚心涵泳

沉浸在里面，反复地虚心去研究，

切忌因为马虎和自以为是扭曲了作者想要表达的意思。

4. 切记体察

结合自己的生活实际，去验证在书里面看到的道理。

5. 须教有疑

敢于提出问题和解决问题。

如果你看一本书，从头到尾都没有一个问题，

那证明这书你肯定没有吃透；

如果你提出的问题，自己结合书本依然解答不了，

同样说明这本书你没读明白。

假努力有哪些具体的表现

1. 光想不做

辅导书买了不知道多少本，

但直到期末考试结束之后，

所有的书都还是干干净净的。

2. 把熬夜学习当作光荣

晚上拼命熬，白天课堂上犯困，得不偿失。

3. 三分钟热度

考试成绩不理想，

就像打了鸡血一样制定一份十分详细的计划，

计划执行没两天又变成老样子。

4. 排斥弱势学科

只把时间花在擅长的科目上，

对于弱势学科不仅不多花时间，反而内心排斥。

5. 不注重假期学习

假期就把完成作业当成唯一的目标，

既不复习也不预习，

导致开学后无法快速进入学习状态。

找对学习搭子，比默默自律更有效率

找到一个志同道合的学习搭子，会比你独自学习更有效率，
这套方法的核心就是：打卡＋奖惩制度。

1. 相互打卡

你们可以每天相互分享学习计划和目标，然后监督打卡。

每周还可以约一个固定的时间抽背默写，

或者利用费曼学习法，把学到的知识说给对方听，

加深对知识的记忆。

2. 设置奖惩制度

你可以和学习搭子一起制定一套奖惩制度，

比如没完成当天的学习任务会有什么惩罚？

如果连续打卡成功的话，又能获得什么奖励？

3. 如何找一个好的学习搭子

①尽量找同性，学习的目的就是互相督促，

你们主要在软件上沟通，不容易聊到其他话题。

②搭子可以冷漠一点，你们之间只汇报学习进度，

少分享生活，有限分享学习情况。

③坦诚相待，汇报数据不作假。

④不要因为对方的学习进度比你快，就开始焦虑。

⑤在沟通好的前提下，在放假期间也依然保持着相互监督。

如何利用历年真题进行考前冲刺

1. 模拟考试

找到往年各科的真题卷，利用周末时间模拟考试流程，

在限定时间内做完，保持考试状态，

到了考场上才不会紧张。

2. 分析错误

在卷子上直接分析错题涉及的题型、知识点，

甚至是出题人的思路。

如果是错在基础的知识点上，就把知识点多默写几遍；

解题方法有问题就抓紧时间问老师，

容易出错的内容单独记录下来，

做过的所有卷子，都要按时间顺序整理好。

3. 复习错题

做新的卷子之前，先复习一遍之前的所有错题，

这个过程会非常痛苦，但是一定要坚持做完。

学习，慢就是快

很多同学做事情太着急了，

一有点努力就想着马上看到结果，

但这是不现实的，尤其是在学习这件事上。

学习确实是需要你在努力了一段时间之后，

才能看见回报的，这是一个量变产生质变的过程。

可能你在过去的一两周里，奋发图强努力学习，

但成绩没有进步多少，便开始灰心。

其实，只要你了解了读书的意义，

学习时的每一分每一秒都认真专注，

把每一天都过得很充实，这就可以了。

剩下的就交给时间，等到了某个时间点，

你的成绩自然而然就提上去了。

没必要天天盯着当下的成绩看，

偶尔的一次两次的成绩，并不能代表什么，

它只是在告诉你此阶段学习还有哪些漏洞。

除了最后的中考，

其他所有考试都在帮你提升成绩。

如何用逆向思考解决难题

所有人都知道 1+1=2，但是如果我问你 2 等于多少，

大家就会给出很多不同的答案，

这就是逆向思维能带给你的不同解题方法。

1. 秒杀选择填空题

根据题目去思考答案要花很多时间，

而逆向思维就是把让你犹豫的答案直接带入到题目之中。

用特殊值代替关键数值，

能帮你快速地排除错误选项。

2. 套用大题模板

如果你多看过几份历年的中考试卷，

会发现那些大题虽然文字描述不一样，

但考点知识点基本差不多。

所以你要在日常的学习中，

归纳和整理好不同知识点对应的答题模板，

在考试时直接套用就能拿到对应分数了。

学不进去又玩不尽兴该怎么办

很多同学明明很想要学习却学不进去，

在玩的过程中又开始担心学习，导致玩也玩不尽兴。

针对这种情况，你可以试试这个方法：

先用 5 分钟循序渐进地让自己进入学习状态，

约定好只学 5 分钟，然后休息 5 分钟。

但在休息的时间里，

不可以追剧、打游戏、刷短视频。

这些行为会打断你的学习状态，

后续想要找回状态就得花费更多的时间和精力。

在 5 分钟的休息时间内，

你可以闭目养神，吃点零食；

接着学习 10 分钟，休息 5 分钟；

之后再接着学习 25 分钟，休息 5 分钟。

经历 3 个循环之后，

你的学习状态就能被固定住了。

等到完成全部学习任务之后，

再把娱乐集中在某一时段，

此时你就可以放心、大胆地去玩，

因为这是你给自己认真学习的奖励。

第四章

做好规划再走
好过漫无目的地前进

假期里复习重要还是预习重要

1. 数学必须复习

数学是高度依赖前置知识的学科。

初二想学好，初一的知识就必须要牢固，

因为理科里各种概念是相互关联的，

所以数学一定要做好复习。

2. 英语必须预习

英语考高分的关键就是掌握足够的词汇量，

如果把背单词的任务都压在开学之后，

学习压力会特别大，

可以利用好假期提前背一下新学期的单词。

3. 语文多做课外延伸

多看一些课外书，语文能力的背后是认知能力，

而提升认知能力的关键就得依靠大量阅读。

学习如何才能少走弯路

1. 时间很贵别浪费

初一打基础，初二是分水岭，初三大家都在奋起直追。

所以从初一开始就要有中考意识，

想要在三年后有一个好的结果，就必须全力以赴。

2. 别太看重人际关系

你的主要任务是学习，

不要把时间浪费在那些可有可无的交际上。

3. 千万别偏科

遇到不会的及时请教，不要拖延不要堆积问题。

能让你成功逆袭的一定是你的弱科，

不到开考一刻，决不放弃任何一科。

4. 制定合理的目标

制定可以执行的短期目标，比如每科要考到多少分，

每周掌握多少个知识点。

5. 抓住每科的重点

数学靠总结，英语背单词，

语文靠积累，物理变思维，

化学周期表，生物背书抠细节，

地理常看图，历史多背书，政治抓关键词。

如何合理利用假期，在新学期一鸣惊人

1. 制定计划

假期伊始，要结合自身的学习情况，

制定一份可执行的假期计划表，并坚持执行。

2. 早睡觉

当你进入一个周期性的学习状态后，

每天的学习计划会排得很满，根本不需要熬夜。

3. 学会使用计时器

使用实物计时器，切忌使用手机计时。

做题时给自己设定一个时间，制造紧迫感，

这样就不会偷懒犯困了。

4. 自我鼓励

心理暗示真的很有用，多给自己贴正向的标签，

学会快速调整自己的情绪。

5. 从早开始

起床之后千万不要玩手机，不要高估自己的自控力。

早起可以播放晨间新闻，或者听一些英语读报音频、播客。

6. 睡前复盘

每天睡前半小时进行知识复盘，把所有知识在脑子里过一遍，

查缺补漏，梳理逻辑，还可以让你能更快地入睡。

7. 广泛阅读

假期正是拓展课外知识的绝佳时期，阅读时做摘抄，

写一写读书心得，还能有效提升写作水平和阅读理解能力。

8. 改进学习方法

①提前预习新学期知识，培养主动预习的习惯。

②复习这个学期的旧知识，归纳易错知识点。

③在学习过程中勤于思考。

开学后如何快速进入学习状态

1. 找回注意力

学习之前，

在书桌上找一个物品盯着看 30 秒，

把注意力从其他地方拉回来。

这个过程也能锻炼你的注意力，

让你在接下来的学习中不会因为手机或者游戏分心。

2. 学习之前准备好所有的资料

你计划在 1 小时后开始学习，

那么从现在开始，

你就可以把所有的学习资料都整理好，

这样能让自己慢慢地进入学习状态。

如何提高晨读效率

1. 读

不愿意张嘴和出声的晨读是没有效果的。

晨读时保持站立的状态，然后大声地读出文章，

让声音通过自己的大脑，你就更容易激发出语感。

2. 少量多次

不要在某一篇文章上，花费大量的时间重复朗读。

你可以一个早晨读 10 篇甚至 20 篇文章，

然后用 2~4 周的时间，每天重复地朗读这些文章。

这样不仅读起来有新鲜感，

不易厌倦，而且记得快，记得牢。

学习成绩差，各学科重点抓什么

1. 语文

熟记古诗、文言文词汇和字形字音，

平时多摘抄一些美文美句，

做过的题目也要进行分类总结。

2. 数学

熟记基础概念和数学公式，

概念背熟后，多做对应的习题，巩固记忆，

并及时记在错题本上，做好总结。

3. 英语

熟记单词、短语和语法，

做试卷或者刷题时遇到的生词可以记录下来。

4. 物理

熟记基础知识和公式，学会灵活运用，

在实践前弄明白原理和步骤，多去实践。

5. 化学

多背性质、化学方程式，多理解、多做实验。

6. 生物

生物是理科中的文科，多听多背多做题分数一般都不低。

7. 历史

整理时间轴和对应的历史事件，

了解各个事件带来的影响。

8. 地理

地理是文科中的理科，多看地球仪建立空间思维，

掌握正确的读图方法。

9. 政治

梳理书本的框架和重点关键词，

学会归纳总结，做思维导图。

学习如何弯道超车

1. 主攻一科

先集中时间来专门学习一个科目，

看书加上做题，量变引起质变，再接着下一科。

2. 掌握方法

知识点不牢，就多背，做一些基础题；

思路打不开，就广泛看题；

做题速度慢，就多做限时训练；

某个知识点的题型总是错，就找同类型题来做。

3. 大量重复

英语单词不要一天背十几、二十个，

一次性背几百个，着重于单词的意思，

背了又忘不要紧，重复的次数足够多就会记住。

4. 每日复习

睡觉前把当天学过的知识点都复习一遍，

起床后再把睡前复习的内容读一遍。

晚自习如何规划才更高效

1. 复习

复习上课讲的知识点，完善课堂笔记，

解决上课时不理解的问题后再做作业，效率更高。

2. 注意顺序

做作业时，先从薄弱的科目入手，

此时的专注度最高，能有效提高弱科。

实在不会的题目不要死磕，

抄写类的作业一定要放到最后做。

3. 预习

预习课文，理解不了的难点，上课时着重听。

4. 总结

总结与规划，今天完成了什么任务，

还有哪些知识点没有弄懂，

然后再规划明天的学习内容。

暑假怎么规划，才能快速适应高中

高一是"重新洗牌"的好机会，

如果在暑假做好这三个准备，

高中三年将会更加顺利。

1. 心理准备

高中的知识量不仅多，难度也更大，

你要做好吃苦三年的准备。

2. 学习准备

因为高中的知识量非常大，

如果你在暑假不提前做好预习，

接下来的三年你会学得非常吃力。

3. 物资准备

建议大家在暑假把各科的练习册备一本，

提前自学并且刷一刷题，在心理上适应高中的难度。

提前买一本高中单词书背起来，

再给每个科目准备一个活页笔记本，

方便整理笔记时根据知识量来增减页码。

学习时间不够用怎么办

1. 管理你的精力，而非时间

时间再怎么管理也只有 24 个小时，

你越是缺时间，就越要挤出时间去运动。

因为运动决定了一个人的精力，

如果你不运动，你对成功的欲望都会下降，

而运动能增加你的精力。

2. 向效率要答案

课间一定要主动回忆，

上节课老师讲了什么知识点，

能不能把这些知识点串联成一句话，

这件事越早做越好。

3. 学会取舍

平均分配时间往往什么都学不好，

如果你各科都需要提升，那就要学会阶段性聚焦。

如果你数学函数差，那就花几周时间主攻函数，

其他的科目只要完成基础练习就行了。

4. 向碎片要答案

把所有的碎片时间变成你的资源，去为学习服务。

偏科严重该如何弥补短板

1. 重拾自信心，不要急躁

一蹴而就是不可能的，

弱科更需要一步步踏实地去弥补。

2. 消除对老师的个人偏见

因为个人情绪而放弃某一科，

是非常不理智的行为，

只有老师最了解你的问题出在哪里。

3. 将基础的知识点吃透

比如公式定理的推导，概念理论的由来。

4. 加强薄弱环节的训练

将薄弱点找出并逐一攻破，

你就能逐步恢复对该学科的兴趣。

学习计划怎样制定，才能更好地执行

①在白纸上写下今年最希望达成的 25 个目标。

②把今年一定要达成的 5 个目标圈出来。

③把目标分为 2 类：

可用碎片时间完成的目标，

需要大块时间集中精力完成的目标。

④将碎片化时间完成的目标具体化，

明确具体事件 + 时间 + 地点。

比如你的任务是背单词，

具体事件就是背 100 个单词，

时间是早饭后和午饭后，地点是餐桌旁。

⑤对于需要大块时间完成的目标，

你需要先明确结果，再写下具体要做的事情。

比如我希望下次月考英语突破 90 分，这就是目标。

那你具体需要做的事情就是每天做 30 道英语真题，

并保证 90% 以上的准确率。

如何培养自学能力

自学能力主要分为：

制定计划、发现问题和归纳总结。

1. 制定计划

结合自己各科分数，分析哪科是弱项，

然后按照目标分数和科目的重要程度，

去制定单独的学习计划。

2. 发现问题

每出错一道题就对着答案去想一想，

是哪一个知识点导致你做错这道题，

再回归书本，重新学一遍这个知识点。

3. 归纳总结

平时在刷题时，多想一想这道题在考你哪个知识点，

和之前做过的哪一道题有相似之处。

同类题型见多了，就可以总结出一套自己的规律。

刚上初中，学习跟不上怎么办

1. 如果语文学起来很吃力

建议你多做阅读，多读文章。

初中语文的阅读理解采用"踩点得分"，

如果你归纳的内容没有"踩"到要点上就得不了分；

而作文要求你更有思想深度，

写的东西要体现出你对事物的看法，

光把语言打磨好是得不了高分的。

2. 如果数学学起来很吃力

一定要加强课堂理解，课后也要认真复习，

先吃透课本概念和例题。

初中数学更多是对知识的理解，

不像小学一样只要计算能力强，就能拿到高分。

3. 如果英语学起来很吃力

说明小学的英语底子很薄弱，要加强听读，

多做阅读理解和完形填空。

初一刚开始学的知识点并不多，

多利用这段时间巩固基础。

网课自学应该避开哪些坑

1. 脱离教材

网课的一大特点在于它侧重于对知识点的构建。

因此，如果将网课视为唯一的学习资源，

忽视了基础知识的系统梳理，

可能导致理解和应用方法时出现漏洞。

因此，在聆听网课的同时，

记得适时对照教材和辅导资料，深化对基础知识的理解。

2. 忽略练习

许多人误以为听课数量代表理解程度。

网课往往缺乏需反馈的作业和充足的配套习题，

这就需要主动寻找适合的额外练习，

确保每掌握一个知识点后再进行下一轮的学习。

3. 不检测学习成果

学校的反馈机制在学习过程中不可或缺。

定期的测试不仅能帮助我们保持警觉，明确自身水平，

还能确保我们始终围绕核心知识点。

在自学环境中，这种反馈机制可能缺失。

因此，自我检测和评估显得尤为重要，

可以通过练习网课视频中的配套习题来补充。

中学生有哪些常见的思维陷阱

1. 线性期待

我们总是容易掉入一种普遍的思维陷阱，

认为我们的每一分付出，都会有相应的收获。

然而这种观念并不适用于学习。

随着年级的升高，

这种线性的期望会变得更难以实现，

当你的知识体系的积累没有达到质变前，

学习产生的实际效果也就不那么明显。

2. 因为瓶颈期而产生挫败感

学习的进步并非连续性的，

而是伴随着间歇性的瓶颈期，

许多同学就是在瓶颈期内产生了无力感和挫败感，

对学习失去了信任和信心。

3. 巨大的进步需要长期坚持

人们总觉得，

要有巨大进步，就要做出相应的改变。

然而想要突破瓶颈期，

需要有长期努力的决心，

和保证持续性学习的执行力和毅力。

人的精力和毅力是有限的，

不要妄图依靠意志力与外界干扰对抗，

更应该通过培养稳定的习惯，

来帮我们克服短暂的毅力缺失，

避免深陷失败之中。

初中学习规划，要讲"二八原则"

所谓二八原则，就是把你 80% 的时间给到 20% 的科目。

每个月就主攻 1~2 门课，

其他科目就保持基础的学习状态，

让分数不大幅度往下掉就可以了。

主攻的科目成绩上去了，

其他的科目哪怕稍微往下掉一点，

你的总成绩还是能维持在当前水平。

但这么做你可以把差的科目都补上来，

长此以往，你的总成绩自然就能上去。

为什么高中学习很难，
和初中的区别在哪

1. 难度

初中注重对基础知识的了解，

高中衍生的题目类型多、知识点杂，难度也更大。

2. 学习节奏

初中一节课一个知识点换着花样讲，

想学会并不难，

高中一节课好几个知识点，

一分心就听不懂老师说的内容了。

3. 课业压力

高中一共九个科目（语数英、物化生、政史地），

不仅科目多，单科的难度也更大，

课业量是初中的好几倍。

4. 知识量

仅高一一年的知识量，

就接近初中三年知识量的总和。

5. 学习压力

高中和初中的辛苦程度不是一个级别的，

在高中你付出了十分的努力，

可能只得到了五分的回报，这也是你需要承受的压力。

如何合理规划周末的学习时间

把周末两天时间划分成四个"半天"：

第一个"半天"先完成周末作业，

作业一定要优先完成才有时间查缺补漏。

第二个"半天"把语、数、英三个主科做一个总结，

检查一下需要背诵、默写的知识有没有真正掌握。

除此以外可以做一做同步测试卷，

看看哪些知识点没有掌握清楚。

第三个"半天"攻克"小四门"，

把每周课堂上学到的东西，在周末拿出来巩固一遍。

最后"半天"拿来运动，

像跑步、跳绳、仰卧起坐等，都要练起来。

为什么不要熬夜学习

1. 长期熬夜的后果

很多同学觉得通过熬夜学习，可以有效地提升成绩，

这绝不是一个明智的做法。

因为人在睡觉的时候，

身体会帮你代谢掉白天大脑中积攒的废料，

长期熬夜就相当于切断了废料代谢的途径，

长此以往，你的反应力和注意力就会下降。

面对困难的知识点会越发感到棘手，

在考试当中的表现也会越发糟糕。

那么要如何才能确保学习效率呢?

2. 提高白天学习效率

抓住白天的时间，提高学习效率。

能不熬夜就不熬夜，如果有特殊情况，一定要减少熬夜时间。

学习是持久战，每天熬夜首先垮掉的肯定是身体;

仅靠突击式的熬夜奋战，根本学不了多少东西。

课堂上的时间，注意力必须高度集中;

公交地铁上的时间，用来背前一天没掌握的知识点。

3. 学习区分优先级

放学回家后，把学习任务排序，重要事情优先做。

①把白天学到的内容逐一复盘，自己给自己讲一遍。

②复习自己薄弱的科目，做一做对应的练习题。

③使用错题本复习各科错题。

4. 睡前冥想

闭眼躺在床上，回忆白天在课堂上都学了什么，

按照课表回忆每一节课，想不起来就直接跳过。

英语阅读理解如何突破瓶颈

在做英语阅读理解时，在原文中找到每个题目的答案，

并且把对应题目的编号标记出来。

如果某道题你做错了，在考后复盘时也能有迹可循，

你可以根据当时做的标记来分析你的错因，

从而不断提高做阅读题的技巧和正确率。

学好理科要遵循的 4 个步骤

1. 精通"三定"

"三定"是指：定义、定理和定律，

一般就是课本里加黑字的部分。

2. 理解母题

母题也被称为例题，主要来源还是书本，

很多题目都是由母题演变而来的。

如果对母题不熟悉，你就不具备和题目对话的能力。

3. 精通课后的习题

确保每一道例题你都能准确地说出解题步骤，

这意味着你把这个知识点掌握了。

4. 练习巩固

很多同学没有经历前面的 3 个步骤，

就直接开始做练习题，在没有掌握知识点的情况下，

做再多的练习对学习的提升也微乎其微。

为什么不能把作业堆到周日做

总是习惯把作业堆到周日一起做的同学，

成绩一般都不会太好。

因为他们的想法就是好不容易迎来周末，

一定要先犒劳下自己，放纵一下没什么关系。

于是作业一拖再拖，不知不觉就到了周日晚上。

一边抱着没写作业的负罪感，一边沉溺于娱乐中。

如此一来身心都得不到真正的放松，

还要在周日的晚上牺牲睡眠来补作业，

最后的学习质量不过关，情绪也受到了影响，

第二天上课也因为睡眠不足而萎靡不振。

所以周五晚上一定要先写作业，

并非要一口气全部写完，能写多少是多少，

等到周六再把作业进行一个收尾，

周日用来合理地放松，养精蓄锐，

周一上课自然没有负担。

历史特点类大题答题模板

总结就是一句顺口溜："地方瞩目，背影曾属实犯过错"。

地：地位（经济、社会、文化等方面的地位）

方：方式（运用的方法、途径）

瞩：同"主"，行为主体（政府、民间、个人等）

目：目的（为什么阶级服务；多重目的；根本目的）

背：背景（新经济因素；是否有特殊方式的准备：是否受外部影响）

影：影响（影响的深度、广度；积极、消极影响；国内、国外影响）

曾：同"程"，程度（是否彻底；是否有局限性）

属：本质属性（有什么属性；本质上是什么）

实：同"时"，时间（发生早晚；时间长短；阶段性或持续性）

犯：同"范"，范围（地域、领域、分布是否均衡等）

过：过程（顺利或曲折）

错：同"措"，措施（措施的依据；体现的思想；突出的特点；包含的方面；实行的办法）

道德与法治大题答题模板

1. 为什么、什么原因

答题公式：为什么 = 必要性 + 重要性 + 意义（5 个有利于）

有利于政治、有利于经济、有利于文化、有利于法律、有利于生态。

2. 有什么启示和警示

答题公式：启示 = 是什么 + 怎么办

是什么：从材料中，归纳出问题或者道理。

怎么办：如何处理材料中出现的问题。

3. 怎么办？有什么对策和建议

答题公式：怎么办 = 国家 + 社会 + 学校 + 企业 + 家庭 + 个人

政府国家：立法执法，加大投入。

社会：宣传检查，营造环境。

企业 / 经营者：提高道德，守法经营。

学校：加强教育，引导检查。

家庭：监护职责，教育引导。

个人：公民如何做 = 意识 + 行动

4. 你怎么看待这种现象

答题公式：认识、评价 = 是什么 + 为什么 + 怎么办

是什么：题目的观点是什么，观点正确还是错误。

为什么：做这件事的原因 = 理论依据 + 重要性 + 必要性 + 意义

怎么办：国家、社会、学校、企业、个人该怎么做。

5. 案例评析，对某个法律案例的看法

答题公式：评析 = 判断表态 + 法律依据 + 材料分析 + 结果

判断表态：……是不道德 / 违法的行为。

法律依据：我国法律规定：……

材料分享：材料中的……行为，侵害了……权益。

结果：……的行为应该受到法律的制裁。

地理大题答题模板

1. 问某个行业发展的措施意义

从经济、生态、社会三方面回答。

经济层面：因地制宜、调整产业结构、加大科技投入、专业化、规模化发展、延长产业链、绿色低碳。

生态层面：节能减排、治理污染、保护植被和生物。

社会层面：人才、基础设施、扩大就业。

2. 问农业区区位因素

从自然因素和经济因素两个方面回答。

自然因素：气候、地形、土壤、水源。

经济因素：市场、交通、政策、劳动力、科学技术。

3. 问工业区区位因素

从地理位置、资源因素、交通运输、市场因素、劳动力因素、政策因素、科技与信息、历史因素、基础设施这几个方面回答。

道德与法治背诵方法

1. 关键词记忆法

这种方法比较适合背诵一些名词、概念或者小段落。

在记忆时，挑选出你觉得最重要的关键词背下来；

接着在纸上通过回忆，将关键词串成完整的句子；

然后对照课本原文，修正自己描述不准确的地方。

2. 思维导图法

这个方法比较适合建立框架意识，在解答大题的时候，

能通过这个方法快速地定位知识点，提炼出对应的关键词。

在复习时用思维导图把各个单元的知识点罗列出来，

再随机指着某一个知识点主动地用大脑去检索相关的知识，

想不起来就赶紧打开书重复记忆。

地理如何自学更有效

1. 串基础

把地理书摆在桌子上，准备黑笔、荧光笔、便利贴。

把书本快速过一遍，重点看结论性的概念和插图，

把重点内容用荧光笔和便利贴标注出来，

整个过程不需要特别仔细，做到心中有数即可。

2. 背诵识图

①优先背诵整合好的资料，

可以直接下载别人整理好的知识点并打印出来；

或者可以买一本靠谱的口袋书，

随时翻看，随时背诵。

②画思维导图，画的过程也是记忆的过程。

用关键词结合思维导图的形式把所有知识点都串联起来，

背诵的效率会比直接照着书本背高很多。

③一些晦涩的知识点，都有方便记忆的顺口溜。

可以收集、打印出来，有空就背一背。

初中想学好英语，就要抛弃"小学思维"

初中的学习方法很多都是在课外的，

如果依然按照小学的方法来学习初中的英语，

会让你学得很吃力。所以到了初中，

一定要掌握新的学习方法。

1. 单词是重中之重

不要局限于背诵教材单词，可以背一下中考的核心词汇。

2. 听读任用

背单词不要死记硬背，用分音节跟读的方式去记忆，

不仅能把单词记住，还能训练口语发音。

3. 先做"英翻中"

优先认识单词比能拼写更重要，

因为很多单词不会考你的拼写，所以看得懂就行。

4. 单词要放在例句里面读熟读懂

只有把单词放在例句的环境里面去理解，

才能将单词的短期记忆转化为长期记忆。

5. 听力强化

把 34 个常见的生活场景摸透。

例如：吃饭、看电影、购物等，

每个场景都有自己的特定词汇，一定要记下来。

6. 阅读理解强化

先读题再去读文章，带着题目去读文章，

因为出题顺序跟文章顺序是基本一致的。

多做这种训练，能让你在阅读理解上省下不少的时间。

7. 作文强化

所有的应用文、作文续写都有相关的模板，

考试时直接套用，就能避免很多不必要的失分。

吃透课本是拿捏知识的第一步

每天复习当天的知识点时，着重看看课本后边的思考部分。

在看的同时，思考编书人写这些思考部分的目的是什么。

坚持下去，你会发现自己写作业的速度变快了，

而且准确率也比之前提高不少。

当你把课本都看懂看透，把出书人的意图都摸清楚之后，

你会发现不论是写作业，还是考试都变得简单了很多，

因为初中的知识点有限，翻来覆去考的都是那些知识。

摸清了出书人的意图，

就相当于得到了一份浓缩版的知识点手册。

中等生如何突破数学瓶颈期

想要突破数学瓶颈期，

适当地做一些课外练习卷是很有必要的。

并不是要你去用题海战术，只有刷得精，

你的数学才会突破当下的瓶颈期，

这个方法的精髓就是：一张试卷刷三遍。

①严格按照考试时间去做第一遍卷子，

不要怕题目不会，也不要怕做错，

这只是在发现自身的不足。

②一周之后，同样的卷子再做第二遍。

这一次不需要计时，但要尽可能地保证题目都能做对，

特别是第一遍做错的题。

如果同样的题目这次还是做错了，

那么题目考查的知识点就是你的难点。

③两周之后再做第三遍卷子，

这次同样采用计时的方式，并且需要保证答案的准确率。

因为前面两次已经把你不懂的重点难点进行了巩固。

如果同样的题目这次又做错了，

说明这道题对应的基础知识你还没有掌握，

需要回到课本重新学习。

数学如何训练推导能力

公式是靠推导来记忆的，死记硬背效率低、忘得快。

很多同学数学越学越吃力，就是没有掌握推导能力。

①拿出数学课本和笔记本，

找出书里面的公式和定理，抄到笔记本的左边。

②寻找这个公式的推导过程，

你可以从教材上、教辅书里、网课里去寻找。

主要看一看这个公式是如何通过假设证明，

一步步推导出来的。

③在笔记本的右边，写下你的推导过程，

看看你哪里写得不对，然后把它修正过来，

直到你完全掌握为止。

假期结束后如何快速收心，找回学习状态

1. 提前一周还原学校的作息

学校几点上课，你就几点钟起床开始学习，

让身体适应早睡早起的节奏，

开学后就不容易在课堂上犯困。

2. 做好接下来 7 天规划和新学期规划

从假期剩余时间开始，每天完成对应的计划，

循序渐进，找回学习的感觉。

3. 提前预习，摆脱厌学情绪

可以先从一些容易执行、反馈及时的任务开始做起，

比如背单词、抄写课文、预习新课本等等。

作文五步法，写出优秀作文

①标题一定要清晰明确，充满正能量。

可以多用"让……如何"的句型，比如"让梦想支持我们前行"。

②用名人名言或者金句写题记，补充说明标题。

③开头一定要直接点题，不要作过多的铺垫，拖泥带水。

④中间三段一定要观点明确，层层递进。

可以用多种不同的方式做切入，让你的作文富于变化。

例如第一段用故事引入、第二段用时间/场景描写引入、

第三段用古诗引入，引入后直接加分论点。

观点必须正能量，不得脱离主题，

且至少有一段是联系自我论述或举例。

⑤结尾再次点题，同时升华主题。

诗歌鉴赏答题模板

1. 分析人物形象

①展示了什么形象

②形象有什么特征

③形象代表的含义

2. 这首诗营造了什么意境

①描绘诗中展现的风景画面

②概括景物所塑造的环境氛围

③分析作者的思想感情

3. 这首诗用了怎样的艺术手法

①抒情分为直抒胸臆和间接抒情

②常见表现手法：衬托、对比、白描、渲染、象征、动静结合、欲扬先抑等

③常见修辞手法：比兴、比喻、借代、拟人、夸张、双关、对偶、设问、反问等

4. 这首诗在语言上有什么特色

常见语言特色清新自然、朴实无华、华美绚丽、委婉含蓄、雄浑豪放、笔调婉约等。

5. 哪个词是全诗的关键

①……词对突出主旨起到什么作用

②……词在诗中结构上起到什么作用

6. 诗中最生动传神的字是什么字，为什么

①……字在句子中的含义

②把字带入原句中描述对应景象

③……字烘托了什么意境，表达了什么感情

7. 这句诗好在哪里

①分析诗句在写景、抒情或写人方面的表达作用

②简要说明艺术效果

如何收集新颖的素材，
并在考试中活学活用

1. 收集素材

带着目的性去阅读，

从优秀作文、书籍以及新媒体的文章中，

提炼出你觉得有意义的部分作为素材。

2. 分析素材

不盲目追求更多的素材，吃透已经收集好的素材。

查看已经收集的标题、开头、论据能否用在不同主题中，

以及不同素材间是否存在联系，能否用在同一主题下。

3. 复盘素材

定时在实战中练习，可以采用口述或默写的形式，

检查自己能否灵活运用积累的素材。

4. 更新素材

不断更新时事，更新素材库。

使用更新颖的素材可以让阅卷老师眼前一亮。

想要写好作文，就不要硬套好词好句

不要刻意地背诵空洞的"美"文，
不要在作文中生搬硬套自己摘抄的好词好句，
写作文时更注意文章的中心思想和逻辑结构。
养成写随笔的习惯，在自己情绪波动时，
立刻记录下自己对事情的一些思考和感悟。
读经典的文学作品、
丰富的历史读物、辩证的哲学小说等，
在阅读过程中勤思考，可以制作知识卡片，
记录自己感兴趣的知识。

生物怎么才能学好

1. 回归课本

生物这门学科存在很多细节，答题时，

哪怕是定义里的某个字眼和书本上的不一样，都算是错的。

所以想要把生物学好，必须要把课本吃透，

包括书上的细节、正文，

尤其是需要留意加粗字的部分。

2. 多做练习

生物的题目，特别是选择题，

它们的错误点基本都是相通的。

当你练习得足够多的时候，你一看到选择题，

就能知道它要考什么知识点，

哪个选项是经常拿来做误导的选项。

3. 培养科学思维

实验和遗传题目是很多同学学习生物的痛点，

这部分主要还是依靠书本，

你可以一边看着书上的操作，

一边思考为什么要做这一步，

而不是死记硬背。

如何让你的英语作文成为"一类文"

1. 学会变通

对于不会拼写的单词,

不确定的时态、语法,不要写,

将其替换成简单句来表达就可以避免不必要的扣分项。

2. 紧扣主题,不要偏离中心

考试时先仔细阅读题干,

弄清楚题目的主题思想,再进行构思。

3. 记住三个"多"

"多"使用短语和高级词汇。

但是不要硬凑,要恰当而准确地使用。

"多"样的句式表达,可以使用从句、

非谓语和一些特殊句式来表达,让文章语句有变化。

"多"使用衔接词和衔接句。

衔接词,如"然而、但是、并且"等等;

衔接句,可以背诵一些首段和尾段的模板,

让文章更有逻辑、更通顺,同时也更有条理。

4. 书写工整

不能乱涂乱改,在平时可以练一下字体。

如何提升自己的英语写作能力

1. 积累

多读优秀作文，学习其中的高级单词、短语、
句子以及段落组织和表达方式；
分析优秀作文的得分点，再结合自己的作文，
总结哪些地方需要改进。

2. 练习

读英语作文，熟读后将其手动翻译成汉语，
然后只看自己写的汉语再将其重新翻译为英语。
完成之后，将自己的英文翻译与原文对比，
建议每周只练习一篇文章，
直到自己的一版和原文相差不大为止。

3. 创作

根据自己的生活经历写英语日记和感悟，
并找老师同学帮忙修改其中的单词、短语或语法错误。

如何面对自己不喜欢的学科

1. 把这门课和自己结合

将你觉得头疼的学科，和你未来期待的职业相挂钩，

比如你想做医生，那就必须把物化生这三科啃下来。

把"为了应付考试"的心态转化为"实现理想"的心态，

学习起来就会更有动力。

2. 发现老师的亮点

很多同学都有一个特点，

你喜欢哪个老师，对应的那一科你就会学得很好。

所以可以尝试发现老师身上的闪光点，

课后多向他请教问题。

千万不要因为不喜欢某个老师而放弃某个学科，

这样做是得不偿失的。

3. 代入法

这个方法更适合文科，以学历史为例，

你可以给自己编个"时间旅行者"的身份，

把课本里的经历变成你的"旅行游记"，

之后你再看教科书的心态就会更轻松，

自然就会爱上这门学科。

练习英语阅读理解时该如何精读和复盘

1. 自己做一遍

拿到题目后，先把每一段的段落序号标注出来，

先看题目再看文章，读题时只看问题，不看选项。

第一遍做题时，把文章从头到尾完整看一遍，

看到和题目相关的句子就标记出来，方便最后检查。

题目做完后只对答案，不看题目解析。

2. 细翻文章

完成第一步后，对照翻译文本重新阅读文章。

把生僻词和一些带有冷僻意思的单词圈出来，

再用签字笔进行中文标注，方便以后复习。

每标完一段的生词和僻义后，

结合标注总结一下本段大意，

这样做有助于你掌握文章结构。

3. 自己解释错题

完成细翻文章之后再看错题，尝试结合译文解释错因。

如果细翻文章后就能解释错因，说明自己词汇量不够，

后续只要加强单词背诵即可。

如果仍然不能解释错因，那就说明阅读理解能力还不够，

需要加强题型归类能力，可以每天做一篇阅读理解。

4. 归纳总结

完成上述步骤后再查看题目解析，

并在错误选项旁边标出错误原因，

尝试归纳出题人常用的设误点。

最后做总结归纳，主要总结文章的结构、

你所认为的重难点、每一道错题做错的原因、

后续应该如何加强。

什么样的错题才是值得整理的错题

1. 不会做的题

因概念理解错误导致的错题，

它反映了你对某个知识点掌握的程度不够，

这类错误有助于你深入理解并纠正基本概念。

还有就是高难度的题目，

它需要思考很久或高级的解题技巧才能解决，

这些是值得整理的，因为它们可以提升你的解题能力。

2. 模棱两可的题目

那些看起来好像会做，

但某一个解题步骤总让你感觉很奇怪的题目；

或是同一个知识点的不同题型中多次错误的题目，

这些都说明你对这个知识点掌握得很薄弱。

3. 教师强调的重点

如果教师在课堂上特别强调了某类题目或概念，

那么相关的错题也应该被整理。

整理错题时，不仅要记录错误本身，还应该包括：

①错误的原因（概念不清楚、计算错误、理解错误等）。

②正确的解题方法和思路。

③相关的知识点或公式。

朝着目标不断努力，
时间会给你想要的惊喜

当你学不进去的时候，

请这样对自己说：

我还没有考上心仪的高中，

我的梦想还遥不可及，

但如果我就此停下前进的脚步，

梦想就会离我越来越远。

所以我要学，

哪怕背不进去单词，哪怕面对毫无头绪的数学题，

可那又能怎样?

单词一次背不进去，我就背十次，

数学题现在不会做，那我就一步步学会去做，

相信我就是可以，

我就是能考上好学校，我就是最棒的。

你的汗水，终会成为你坚实的后盾

你想要过上自己向往的生活，

所以你拼命读书努力学习，

把那些隐晦难懂的知识都嚼烂，

把那些委屈和孤独都咽进肚子里。

你曾在无数个深夜里崩溃痛哭，

你想证明你自己，你告诉自己要努力，

却害怕结果会配不上自己的努力。

但请你坚信，你曾经吃了那么多的苦，

嚼透了那么多的知识，

它们都会在你的心里生根发芽，

最终长成参天大树，成为你坚实的后盾，

你的所有努力也会在草长莺飞的那一天得到结果。

所以请你努力，为了自己的青春，为了你自己。

第五章

落笔即封神
提升写作水平的素材

适用主题：奋斗

开头：

生于平庸，死于平庸，才是人生中最大的悲哀，

一个人没有办法选择出生，大家都说条条大路通罗马，

但是有人出生就在罗马。

结尾：

不甘平庸，即便我是尘埃，

我也要倾我之全力，书写自己辉煌的人生，

绽放属于自己的灿烂烟火。

开头：

我们的生活虽不似李白那般，

有着"天生我材必有用，千金散尽还复来"的豪迈，

但理想能让生活发光，奋斗能让生活更显本色，

迸发出生活中金黄的款款诗意。

结尾：

用执着打破命运的锁，让生活活出诗意，

种下理想，不懈奋斗，

终会有"雁引愁心去，山衔好月来"般的收获！

开头：

命运收走了少年心中的胆怯，

这使得少年的青春轰轰烈烈。

我深知人生山海艰辛，

尽管我身心疲惫，可我身边皆是期待，

怎愿甘心停止奔赴这山海？

结尾：

握紧的是拳头，抓住的是前途与明朗的诗意。

缩小痛苦，放大希望，舍弃无济于事，于黑夜中寻找阳光，

黎明终会把我们的青春，铸成耀眼的金色。

开头：

谁的青春不迷茫，抬头凝望，

只见舞台上的人光芒万丈，

自己蜷缩在角落里黯淡无光。

你心生向往，但又嘲笑这不切实际的妄想，

便去寻找曙光，奏响青春的乐章。

结尾：

你说想阅尽这世间金碧辉煌，想尝遍世间鸟语花香，

那便去做鹰，展翅翱翔；

去坐船，乘风破浪；

去做马，驰骋疆场，来日方长。

适用主题：梦想

开头：

微风吹动了窗外的梧桐树，阳光从玻璃窗外投过来，
好似那照进了少年心中的梦想。

结尾：

蝉鸣声声呼唤，少年抬头看向窗外，
前程的路一派光明，阳光那么炽热，
好像能折射出男孩眼里的曜辰。

开头：

当苍莽的氤氲有了归途，
当踟蹰的星星有了宇宙，
当梧桐树的蝉声有了希冀，
那么夜浮沉香，挑灯夜读的少年便熠熠生辉。

结尾：

我望着地上的柳絮与书桌上的枝丫，
总有一天我会成为仲夏夜的荒原，
割不尽，烧不完，长风一吹，野草就连了天。

开头：

梦想是年少的期望，

从此看山是梦想，看海亦是梦想。

我试图跨过山和大海，跨过人山人海，

追赶那熠熠生辉的梦想。

结尾：

后来转身才发现，

发光的不是梦想，而是追梦的自己。

自此以后我看山是山，看海是海，

只因我实现了自己的梦想，成了自己的光。

开头：

微风吹动了窗外的梧桐树，

阳光从玻璃窗外投过来，

照亮了我心中的梦想。

结尾：

梦想是凌晨拿起笔的坚持，

是掀开被子的毫不犹豫和冷水扑面的清醒，

是六点看到旭日东升的惊艳和笔记绽放的光。

五点钟的天很黑，但满分的成绩真的很耀眼。

开头：

岁月之羽，掠过时间的河，

抚过一片浩瀚星海，我在岁月斑驳深处，

聆听到理想绽放的声音。

结尾：

要把所有的夜晚归还给山河，

把所有的春光归还给疏疏篱落，

把所有的慵懒沉迷和止步不前归还给过去。

明日之我，胸中有山壑，立马振山河。

适用主题：挫折

开头：

雄鹰搏击长空，翱翔万里，

须经历折翼之痛、断喙之苦；

腊梅风雅出尘，玉骨冰肌，

需经历凌霜之寒、风雪之摧。

真正的强者，唯有敢于面对苦难，

拥抱挫折而载歌载舞，才得还以生命之本真。

结尾：

草木不经霜雪，则生意不固；

吾人不经忧患，则德慧不成。

人生的大海波澜壮阔，

纵然狂风骤雨卷起千堆雪，

海也只当吹皱了春水，

永远吹不走的，便是那颗永恒的直面磨难的心。

开头:

人生的旅途不会永远充盈着笑声,

因为我们会经历挫折;

生命的征程不会永远洒满阳光,

因为我们会经历挫折;

生活的道路不会永远布满星辰,

因为我们会经历挫折。

结尾:

阳光总在风雨之后,

没有人可以轻而易举地取得成功,

只有拼到最后的人,才能笑到最后。

生活中并不缺少遇到挫折的人,

而是缺少敢于上前拥抱挫折的人。

开头:

没有哪朵玫瑰没有荆棘,

没有谁的生活没有挫折,

人生不如意十有八九,

我们要对挫折展开反击。

结尾:

玫瑰因艳丽而被喜爱,

生活也因旖旎而被热爱,

我们要剔除荆棘,跨过挫折,

成为一个有梦有未来的少年。

开头：

不幸是天才的晋升阶梯，

信徒的洗礼之水，

弱者的无底深渊。

风雨过后，眼前会是鸥翔鱼游的天水一色；

走出荆棘，前面就是铺满鲜花的康庄大道；

攀上山顶，脚下便是积翠如云的空蒙山色。

结尾：

在这个世界上，

一星陨落，淡不了星空灿烂，

一花凋零，荒芜不了整个春天。

人生要尽全力渡过每一关，

不管遇到什么困难都不可轻言放弃。

开头：

"生如长河，渡船千艘，唯自渡，方是真渡。"

纵使生命中有千万艘别人的渡船，

但若想前行，必须自渡。

结尾：

不论过往碰到多少挫折，不管暗自消沉了多久，

我们唯有不畏艰苦、自我救赎，

才能走上生命的征途，清醒而从容地活着。

适用主题：师恩

开头：

老师的脚步，很短，很短，

走了一生也没走出过三尺讲台。

结尾：

老师的脚步，也很长，很长，

每个飞到远方的孩子，

都只是老师行走一步的脚印。

开头：

这世道车水马龙，我不禁失去了方向，

而你恰巧是那指路牌，告诉我前方的道路。

结尾：

追梦的我即将到达终点，

你也在道路中等待下一位追梦人。

适用主题：父亲

开头：

你讨厌爸爸的平庸，

却不知道他曾经也是怀揣梦想的男孩；

你讨厌母亲的市井圆滑，

却不知她和你一样憧憬过未来。

结尾：

在我们看不到的地方，

父母一直都在对这个世界低声下气。

我们只是踩着父母的肩膀，

见父母没有见过的繁华。

开头：

父亲是一个擎天的巨人，

为我撑起一片生活的空间；

父亲像一把雨伞，为我遮住了所有的风吹雨打；

父亲是我人生旅途中的一盏灯，

在我迷路时照亮我的前程；

父亲是太阳，即使在乌云密布的日子里，

我也能感受到它的光芒。

结尾：

时光似沙漏，是一身灰黑布衣，

是一床破旧被褥，是一双饱经风霜的手，

是一副佝偻的身躯，是你永恒的背影。

你是芸芸众生中普通的一员，

勤劳、质朴、诚实、平凡。

而在我心中，你永远是天底下最不平凡的父亲。

适用主题：母亲

开头：

有人说，孩子是母亲贴心的小棉袄，

可母亲又何尝不是一方布，

裹住了儿女的冷暖，裹住了家庭琐事，裹住了生活的滋味。

结尾：

在成长的道路上，我曾无数次看到过妈妈的泪花，

但她从没有训斥、打骂过我。

然而我却能在妈妈无言的爱中，

时时刻刻感受到一股春风般的温暖，

时时刻刻感受到成长的力量。

开头：

我的母亲不过是位普通的女子，

不过是浩瀚宇宙的一颗星星，

碧蓝沧海里的一朵浪花，可就是这样的母亲，

为我低到了尘埃里开出了一朵花。

结尾：

虽然雁过无痕岁月无声，

白驹过隙的时光在不着痕迹地流动，

但我依然记得那些琐碎的温暖，

让我感受到一世温暖、一世情怀，

是那个人影响了我，我的母亲。

开头：

岁月如一卷无字经书，缓缓记载着一朝一暮之风华岁月，

如小溪潺潺，不经意间便已东流长逝，

但纵使岁月散尽，飘散着甜滋滋暖意的母爱仍荡漾心头。

结尾：

遥远的青山悄悄枯黄了发须，

如同母亲隐匿于发间的银丝。

花儿娇嫩的瓣儿上露珠静静滑落，溅起了一片清香。

泥土与青草的气息相交错，飘逸于这天地之间。

潮湿的林间小路，我独自地走着，却并不孤单。

我与爱同行，

天下的儿女独自走着自己的路，

但一路上有母爱同行，又岂会孤单？

适用主题：亲情、感恩

开头：

昨日之时，你教我草长莺飞，细雨朦胧；

今日之时，我教你细数花名，侧天看云。

结尾：

草感地恩，方得郁葱；花感雨恩，方得艳丽；鱼感水恩，方得自由。

因为感恩才会有这绚烂的生活，

让我们常怀感恩之心，常为感恩之行。

开头：

时光如流水一般，匆匆而逝，

然而万千尘事中，却只有亲情始终坚定不移，

触动我心灵的时光，如甘泉般缓缓流淌。

结尾：

云彩尽头，总有一份温暖与牵挂感动着我，

它来自那永远衰竭不尽的父母之情。

开头：

让我们将爱传递，怀抱一颗感恩的心，

将别人无私的帮助深深铭记，并将之传递，

这世界因感恩而美丽。

结尾：

人世间没有不绝的风暴，感恩却有其不老的风情。

幸福之花，开在感恩的枝头，灼灼其华。

适用主题：友情

开头：

人的友谊，很坚固也很脆弱，

它是人世间的珍宝，需要我们呵护，

友谊的不可传递性，决定了它是一部孤独的书。

我们可以和不同的人有不同的友谊，

但我们不会和同一个人有不同的友谊。

友谊是一条越掘越深的巷道，

没有回头路可走。

结尾：

长留史册的，不是锱铢必较的利益，

而是肝胆相照的情分。

和朋友坦诚的交往，

会使我们留存着对真情的敏感，

会使我们的眼睛抹去云翳，心境重新开朗。

开头：

有一把伞撑了很久，雨停了还不肯收。

有一束花闻了很久，枯萎了也不肯丢。

有一种友情，即使黑发变白发，

也能在心底保留。

结尾：

人间骄阳正好，风过林梢，彼时我们正当年少。

开头：

来日，并不一定方长，山水也未必重逢。

有些朋友注定渐行渐远，所以要珍惜当下。

结尾：

这里的一切都有始有终，

却能容纳所有不期而遇和久别重逢。

世界灿烂盛大，期待我们的再次相遇。

适用主题：青春

开头：

我现在能做的，是以一段拙劣的文字，

来祭奠我那段流逝的岁月。

结尾：

希望你继续兴致盎然地与世界交手，

一直走在充满鲜花的道路上。

开头：

青春本来就是带着汗水的荒唐与迷茫。

当午时放学，蝉鸣又环绕在耳边，

伴随着那一句："老师再见！"

结尾：

又是多少年后，彼人彼方再次相遇，

寒暄着这几年的酸甜苦辣，

却再回不到那个充满着嬉戏吵闹的青春与盛夏。

开头：

秋风起，雁南飞，青春如期而至。

少年的青春如骄阳般耀眼。

结尾：

少年乘风踏雁，追光向阳，

绚烂的青春如南柯一梦，被时间烧成一把荒唐。

但岁月说，你们才是未来的希望。

开头：

提笔写下畅想的未来，斑驳光影透过树叶，

留下我青春的烙印，

看呐，窗外的栀子花又开了。

结尾：

栀子花依旧年年开，只不过看花的人，

顺着岁月，换了又换。

开头：

我看着窗外的夕阳不禁丢了魂，

残阳洒进了教室，照在我的身上，熠熠生辉。

结尾：

青春总是在不经意间便收了场，

就像一场灿烂盛大的烟火，

惊艳了时光，让我念念不忘。

适用主题：未来

开头：

班里很乱，我在嘈杂声下，

看着窗外想着未来，桌子上的书堆得很高，

以至于我看不到黑板，也看不到未来。

结尾：

我坐在教室里，听着同学们朗朗的读书声，

看向窗外，阳光透过窗户洒在我的身上，

不偏不倚，那是我的未来。

开头：

我不知道将去何方，但我一直在路上，

在路上意味着追寻风的足迹，

一直向着远方前进。远方有多远？我不清楚。

但我明白，来自远方的风比远方更远。

结尾：

敢问路在何方？路在脚下。

我会追寻风的足迹，用脚步寸量大地的距离，

用身影记录星光的印记，

一路向前，像风走了九万里，不问归期。

开头：

窗外的景物从高楼变成小镇，

天空始终被一层灰蒙蒙的雾笼罩着，

我时不时地往前望，仿佛在望我看不见的远方。

结尾：

沿途的景色一帧一帧地浮现，

天空从灰白变成透亮，

当我再次看向前方，那里充满了希望。

开头：

阳春三月里，我听风观雨，

看夕阳隐去路尽头的芬芳，

巷子口、石阶上，

那是我曾经的模样。

结尾：

我对过去招手，牵着满天星光，

小心翼翼地闯进未来的彼方。

适用主题：成长

开头：

在成长过程中，我悲叹，

因为年少轻狂，浪费我太多的时间与精力。

我庆幸在每一次遇到挫折并把它战胜之后，

我又成熟几分。

蓦然回首，是几行深深浅浅、歪歪扭扭的脚印。

结尾：

成长如一叶扁舟，经历过千辛万苦，

越过险滩，穿过急涧，绕过明明暗暗的礁石，

终有顺流直下的时候。

多年之后，当一生的酝酿终成醇香的美酒时，

我会说，我无怨无悔。

开头：

星星藏于星夜，烟火藏于人间，

种子藏于土壤，渺小的我藏在成长身后。

结尾：

失败试图埋藏我，但庆幸的是，

我是一粒种子，成长之后，我终将闪耀。

开头：

前途路漫漫，春花夏蝉，秋叶冬雪。

我热爱着每一秒，将记忆埋在年轮中，却从不翻越。

独独有件事，即使冬雪融在春花里，夏蝉消失在秋叶中，

一年又复一年，我始终难以忘怀。

结尾：

成长是一本泛黄的日记，

写下时苦涩难懂，翻阅时回味无穷。

总有一种暖，铺满你我回忆的纸上，

不用去细读，会随时光褪色，会有泪光闪闪。

适用主题：岁月、时光流逝

开头：

水滴答着，树叶被刷得一干二净。

枯燥乏味的数学让我犯困，我抹了抹眼睛。

结尾：

还是枯燥的数学，我却在认真地听着。

太阳光透过窗帘照在书桌上，窗外的知了声，让我想静静听。

开头：

我追逐落日不休，直至瞥见满天繁星，

璨如烟火，紫华覆千里，足以惊艳我的岁月。

结尾：

落日的唯美终究无法挽留，

夜晚的星辰也终将会错过，但是星空说朝阳更美，

所以我挥手启程，留下满夜空的遗憾和黑暗告别。

一生或许只是几页，

不断在修改和誊抄着的诗稿，

从青丝到白发，有人还在灯下。

适用主题：沉淀、厚积薄发

开头：

一场暴雨，只有坚固的堤坝才可抵御；

一场战争，只有兵精粮足方可胜利；

一次成功的人生，只有在万事俱备之时，

才能逢着机会的东风而成就。

结尾：

我愿耐住寂寞，为人生的厚积薄发作好准备。

我相信：只要锐意进取、永不言弃，

就会有一场机遇的东风如约而来，

那时的我，定会得一场锦绣非凡的亮丽人生。

适用主题：离别

开头：

摊开时间的手掌，已然又是一年夏天。

我们嫌时间过得太慢，

三年来日方长，我们数着指头迷茫地过着。

结尾：

合上手掌，三年时光悄然飞逝。

曾说毕业遥遥无期，转眼却各奔东西。

夏天的风吹散了过往，也吹散了我们。

开头：

青春兵荒马乱，我们潦草收场，

面对岁月摆下的宴席，我们曲终人散。

结尾：

初识在夏天，告别也在夏天，

离别是结束，亦是开始。

适用主题：坚持

开头：

放弃有十五笔，坚持有十六笔。

差之一笔，失之千里，一切取决于你自己。

结尾：

山前有路，山后也未必没有曙光。

所以请坚持下去，心中的火不能灭，哪怕别人只看得到烟。

开头：

点滴微光，可成星海，

没有一蹴而就的成功，只有厚积薄发的胜利。

只要你真的愿意去努力，去坚持。

结尾：

涓流虽寡，浸成江河；爝火虽微，卒能燎野。

无论我们的起点多么低微，

只要还未抵达终点，我们就不该轻言放弃。

在朴素的生活中，我们应有最遥远的梦想，

即使明日天寒地冻，路远马亡，

走一步，再走一步，总会让你登顶一览众山小。

开头：

蝴蝶破茧，河蚌生珠，

他们的蜕变来自于漫长黑夜中不变初心的坚持。

正如伏尔泰所说：

"要想在这个世界上获得成功，就必须坚持到底。"

结尾：

破茧成蝶，却蛰伏了七个白昼；沙粒成珠，却承受了好几个四季。

不要急于一时成败，你只需要默默努力，

积蓄实力，用心耕耘，静待花开。

适用主题：AI 时代、人工智能

在这场人工智能摧毁工作的浩劫中，

唯有创造性工作才能从中全身而退。

人类将面临的最大考验并非是失去工作，而是失去生活的意义。

在所有重复性工作上，

人工智能都将高出人类一筹，

但我们并非因为擅长重复性工作而为人，

是爱定义了我们的人性，

爱使我们有别于人工智能。

开头：

时代飞速发展，科技日新月异，

人工智能技术应用的不断崛起，

人类收获机遇与便利的同时，

也伴随着挑战和危险，

人类是否会如苏埃尔、霍金、库克所言，

被重塑、被威胁和"思维器化"？

这需要我们辨思科技利弊以助推未来发展。

结尾：

科技是时代强音，也是人类福音，

智能时代也非"机器威胁论"占据上风，

而是当今人机合作发展的新起点。

AI 技术不会使有思想的人暗淡，

相反让人在获得自由和价值中创造并体验幸福。

人类与人工智能和谐相处、各司其职，

才能更好地助推未来发展。

适用主题：科技创新

愿成一叶扁舟，漂荡于华夏文明之河上。

在之前近百年的河畔，

目光所至之处，尽是一片萧索与荒芜。

历经了那段风起云涌的时代，

祖国终于在滚滚浪沙中砥砺奋进，

渐渐地开始在世界民族之林中崭露头角，

并逐渐在乱云飞渡的时代浪潮中踏浪前行。

科技是一种颠覆性的力量，

对于国家而言，

科技是我国实现伟大复兴的轴心，

是中华民族屹立于世界民族之林的重要基点。

科技与人文，如同夜空中的双子星，相互辉映，

共同照亮人类前行的道路。

在追求科技进步的同时，我们不应忽视人文精神的滋养，

因为它是我们文明的根基，是我们灵魂的栖息地。

让我们携手科技与人文，

共同构建一个和谐、智慧、充满爱的未来世界。

正如莎士比亚所言："人是宇宙的精华，万物的灵长。"

在科技与人文的共同滋养下，

人类将绽放出更加璀璨的光芒。

明者因时而变，知者随事而制。

个人发展需创新思路，科技进步需创新驱动。

科技是历史发展的助力器，

创新无疑是当代社会的主基调，

当二者碰撞融合，定能掀起时代的全新浪潮。

科技创新非朝夕所致，

而是在新需求推动下的新成果，是夜以继日地探寻。

个人的进步、社会的发展、国家的富强，

不能随大流走，而是要依靠自主创新。

要立足当下，积蓄力量，

为科技创新添砖加瓦，

让未来的科技成果中凝聚自己的心血。

适用主题：创新

星海横流，岁月成碑。

创新者于时序的交替中，

留下他们清晰的脚印、奋进的身影。

大禹治水，反思过往，以疏代堵，

取得治水新成效；

郑板桥潜心书法，以画入书，

终于成就"板桥体"；

爱因斯坦冲破权威，大胆创新，

创立震惊世界的"相对论"。

敢于创新、善于创新、持于创新，

已成为进步的必要条件。

吾辈青年唯有振创新之翼，方能登时代之巅。

《周易》有言："穷则变，变则通，通则久。"

时代的大潮在不经意间泛起阵阵浪花，

却迅速浸染历史的纸面，

蹁跹在时间线上的蝴蝶扇动翅膀，

光阴流转至改革开放的新时代。

冲云破雾，屠呦呦提取出青蒿素；

继往开来，袁隆平研发出了籼型杂交水稻；

自主创新、殚精竭虑，

"两弹一星"元勋邓稼先研发出中国第一枚原子弹……

而如今，自主创新的旋律已在中华大地上奏响。

身处这样大有可为的时代，

我辈青年当勇立潮头，继承创新精神，

敢于创新，为国创新，

在时代画卷上以创新为笔刃，勾勒出崭新风貌。

俯仰中华上下五千年，笔墨纸砚、唐诗宋词、京剧昆曲。
五千年文明的薪火相传，
为华夏儿女留下了灿如星河的宝贵文化财富。
在科技蓬勃发展、时局风云激荡的当今时代，
如何让文化更好地延续，让文化在新时代焕发生机，
以合适的方式融入现代生活，
这是每一个人需要回答的问题。
我认为最好的传承方式应是巧借创新活水，
为文化赋能，才能为文化拂去历史尘埃，
让文化重新"活"起来。

适用主题：选择

何处是生门，何方有出路？

谁能争得先机，谁能笑到最后？

在这滚滚大潮，猎猎风起的百年未有之大时代路口，

吾辈人生之抉择，当以何为重？

选择是一时的人生，人生是永恒的选择。

长路漫漫，不怕走得缓，就怕随波逐流、见异思迁。

为了什么而一往无前，如何才能锲而不舍，

这才是我们在做选择时最需要考量的问题。

是倔强地盘曲在绝壁之间，

还是坦荡地直立在广袤草原，那是树的选择；

是欢呼地奔向广阔的大海，

还是静谧地流淌成清澈的小溪，

那是水的选择；

人生在世，在心灵的交会处，

又何尝不会面对这样那样的选择？

心之几何，尽在选择。

适用主题：责任

在这个光怪陆离的人间，

没有谁可以将日子过得行云流水。

但我始终相信，走过平湖烟雨、岁月山河，

那些历尽劫数、尝遍百味的人，会更加生动而干净。

时间永远是旁观者，

所有的过程和结果，

都需要我们自己承担。

开头：

生活如酒，或芳香或辛辣，

因为责任心，它变得醇厚；

生活如歌，或高昂或低沉，

因为责任心，它变得悦耳；

生活如画，或明丽或素雅，

因为责任心，它变得美丽。

结尾：

漫漫人生路，我们要一步一步地走好，

沿途采摘胜利的果实，

或是遭遇失利的荆棘时，都别忘了责任心。

那样我们踏上的将是一条通向成功的人生旅途！

适用主题：热爱

流水爱高山，它滋养苍绿千千万万年；
飞鸟爱天空，它不留痕迹，划过白昼与黑暗。
而你，有没有如此热爱过，
像此间人生不能重复般炽热地、
绵长地或不求回报地热爱。

听一听虫鸣，数一数星星，追一追风声。
岁月不饶人，
但也不会随意欺侮热衷于每一段时光的人。
他像一个拾荒者，流浪于大江南北，
岁月蹉跎也不会磨灭热血沸腾的初心。

适用主题：遗憾

开头：

世间没有永不凋谢的花朵，

人生也没有永远灿烂的风景，

圆满很美，但遗憾也是一种美。

它是照耀痛苦者心灵的月光，

它是安慰寂寞者的一副良药。

结尾：

人生总有遗憾，

恰如不是每条河流都能汇入大海，

并非每一天都是晴空万里一样。

但正是这如许的遗憾，

使得我们的生活流溢着色彩，充满了浪漫。

感受生活中的每一处美吧！

不要再为错过而遗憾。

适用主题：自由

开头：

甘心做奴隶的人，不知道自由的力量，

对身体上或者精神上的枷锁感到无动于衷的人，

早已无所谓自由或不自由了。

凡是在生命中有所追求的人，

必然不会忽视自由的存在。

结尾：

自由之于人类，

就像亮光之于眼睛，

空气之于肺腑，

甘泉之于心灵。

自由之可贵，

值得我们每个人去追寻并珍惜。

当然，物极必反，不要走向极端，

自在、豁达才是自由。

适用主题：得失

开头：

人生在世，人们大多喜欢得，不喜欢失。

但现实是得与失如影随形，

有得的地方必定有失，

有失的地方也必定有得。

在对得与失的纠结中，

我们常常忽略一个基本的常识，

那就是无论得失，皆是过程。

结尾：

往者不可谏，来者犹可追，

不汲汲于得，不戚戚于失。

因为无论得失，皆是过程，

在过程中行走，在过程中反思，

在过程中突破，才是人生的真谛。

适用主题：成功

开头：

成功，是一个闪闪发亮的词语，

人们提及它，

便常与功成名就、人生巅峰相连。

然而一个人成功与否，

却不应该只交由他人定义。

因此，我认为成功的关键词当为：

做自己喜欢的事和改变世界。

结尾：

坚守心之所向，改变世界所想。

我以我心创盛世，成功之路，我定长风破浪！

适用主题：诚信

开头：

言而有信，是做人的关键。

只有诚信的人，才会踏实进步；

只有诚信的人，才会事业有成。

诚信是黑暗中的一支烛，照亮你前行的路。

诚信是人生航船的楫桨，控制着人生的航线。

我们也许不能成为一个圣人，

但可以成为一个讲诚信的人。

结尾：

诚信，非独贤者有是心也，

人皆有之，让我们学会讲诚信，

诚信对待每件事情。

适用主题：希望

人有悲欢离合，月有阴晴圆缺，
命有否泰变化，年有四季更替。
熬过长夜，你便可见到黎明。
饱受痛苦，你便可拥有快乐。
耐过寒冬，你便可无须蛰伏。
落尽寒梅，你便可企盼新春。

适用主题：自信、信心

人生若是浩瀚无垠的海洋，
我相信我能乘风破浪，直挂云帆；
人生若是崔嵬高耸的山峰，
我相信我能会当凌绝顶，一览众山小；
人生若是洁净光滑的纸张，
我相信我能豪情挥墨，书写华章。
人生多一点自信，活出精彩。

适用主题：四季

夜色沉寂，不知哪棵树上的蝉突然拖长调子叫了一声，
明明是夏末，却像仲春的一场惊蛰。

烈阳穿过宽大的枝叶投照下来，亮得刺眼。
转眼又是一场盛夏，
但他再也没听过那样聒噪的蝉鸣了。

秋末的黄昏来得总是很快，
没等山野上被日光蒸发的水汽消散，太阳就落进了西山。

春天是宣纸上涂抹的几笔写意。
袅袅鹅黄轻垂，一泓鸭绿粼粼而起。
湿润的土壤上铺满了嫩绿的萌芽，茫茫碧草上点缀着星星繁花。
蔚蓝的天空上也会挂几丝云，
阳光柔柔的，像为画面撒上淡淡的金黄。

初夏，石榴花渐渐开放，绿叶衬红花。
远望，它像一片燃烧的烈火，
又像黄昏升起的红艳艳的晚霞。

适用主题：雨天

天好像被撕了一个大洞，无边地倾泻着自己的悲伤。

我想，神明也会有烦恼吗？大概会的吧。

阴沉沉的天压了下来，撕咬着，吞噬着狂风，

卷着湿润的空气打向屋檐下的人们，谁都躲避不及。

只听那声音乱糟糟的，落在地上、人们的身上。

行人便在那一刹加快步伐，如明镜的水洼也被它们打破。

快乐、愤怒、悲哀、忧愁，都被冲刷。

秋雨淅淅沥沥下着，敲在窗上、地上，奏出一支秋的进行曲，

其中的意味深长，使你回忆往事，

令你思念家乡，与其说这便是愁，倒不如说这也是一种美的滋味吧！

秋雨啊，你把梧桐树的衣裳打黄啦！

也给秋天化上了神秘的彩妆。

墨色的浓云挤压着天空，

沉沉地仿佛要坠下来，压抑得仿佛整个世界都静悄悄的。

淡漠的风凌厉地穿梭着，将人的惊呼抛在身后。

柔弱的小花小草早已折服于地，正是山雨欲来风满楼。

适用主题：夜色

山中若有眠，枕的是月，盖的是漫天星辰；
夜中若渴，饮的是银瓶泻浆；
月不曾瘦，瘦的是辗转反侧的情思；
星不成灭，灭的是阑珊灯火。

此时夕阳未落，弯月已迫不及待，升上天空，
天穹卸了溢彩流光的妆容，唯剩眼尾一抹残红，
那壮丽的晚霞都是褪尽了的铅华，
被黑沉沉的夜色吞没，星辰如水。

看向窗外，发现已是深夜。皎洁的明月洋溢着静谧的气息，
群星也点缀着夜空，天地间氤氲着清新的气息。
阵清风吹拂，吹醒了树上的知了，也吹尽了我内心的阴霾。
初夏的夜晚，不知是谁在天上的砚池中涮洗，
整个天空迅速黑透。
不过无论怎样浓的夜，都挡不住跳出来的繁星。
在天空的那头，璀璨夺目。

适用主题：文化自信

我们的直言义行中，是孔孟礼仪的延延；
我们的举手投足里，是魏晋风骨的接续；
我们的衣食住行中，是华夏智慧的结晶；
以深厚的文化为底色，还有今日的异彩纷呈。
当我们骄傲地向世人展现中国风采，
文化正是后盾，
文化自信源于对本民族文化深深依恋和认同，
也源自以文化为支撑的家国发展。

绚烂多彩的文物与非遗令人着迷，
浩如烟海的先贤哲思令人震撼。
但传统文化的真正根基，
并不是它继承的美丽与深厚，
而是创造它、传承它、发展它的人的精神。
倘若缺少生命的力量，
再精致的文化遗产也不过是无源之水、无本之木。